中等职业学校机电类专业规划教材

机械制图习题集

（非机类）

主　编　王晓莉

副主编　刘　健

电子科技大学出版社

内 容 提 要

本习题集是中等职业学校专业基础课程教材《机械制图》（非机类）的配套习题集。本习题集内容包括制图基本知识、画法几何、投影制图基础及机械图样等，所选题目既有代表性又有典型性，既有传统题目又有创新题目，内容广泛，难易程度呈梯度排列，教师可根据需要进行取舍。

本习题集可作为中等职业学校（含中专、职高、技工、成人中专等）非机类专业的教学用书，也可供其他专业师生和工程技术人员参考。

图书在版编目（CIP）数据

机械制图习题集．非机类 / 王晓莉主编．—成都：
电子科技大学出版社，2007.1
ISBN 978-7-81114-342-3

I．机… II．王… III．机械制图—高等学校—习题 IV．TH126-44

中国版本图书馆 CIP 数据核字（2007）第 007161 号

机械制图习题集
（非机类）

主　编　王晓莉
副主编　刘　健

出　　版：电子科技大学出版社（成都市一环路东一段 159 号电子信息产业大厦　邮编：610051）
责任编辑：辜守义
发　　行：新华书店经销
印　　刷：四川墨池印务有限公司
成品尺寸：260mm×370mm　印张 6.75　字数 160 千字
版　　次：2007 年 1 月第一版
印　　次：2007 年 1 月第一次印刷
书　　号：ISBN 978-7-81114-342-3
定　　价：10.00 元

前　言

近年来，在党和国家领导的支持下，我国的职业教育取得了重大发展，培养了大量高素质的劳动者和技能型专门人才。为了贯彻《国务院关于大力发展职业教育的决定》精神，全面落实《面向21世纪教育振兴行动计划》中提出的职业教育课程改革和教材建设规划，我们组织本专业领域的骨干教师精心编写了这本《机械制图习题集》(非机类)。

本习题集采用了近期收集到的最新《技术制图》和《机械制图》的国家标准，本着贯彻系统性、实践性、实用性的原则，并根据中等职业教育的特点，突出看图能力的培养，注重实用性，适度反映基础理论。选题尽量做到由浅入深、循序渐进的原则，除了突出制图教学的重点外，还留有一定的余量，为教师因材施教和为不同课时、不同专业的教学提供方便。本习题集与王晓莉老师、刘健老师主编的《机械制图》(非机类)教材配套使用，其指导思想、结构安排与教材完全一致。

本习题集由成都电子机械高等专科学校的王晓莉老师和刘健老师共同编写而成。其中，第一章、第二章、第三章、第四章和第五章为刘健老师编写，第六章、第七章、第八章和第九章为王晓莉老师编写。全书由王晓莉老师担任主编，刘健老师任副主编。

本习题集在编写过程中，得到了多位本专业教师的大力支持，并参考了他们的部分制图习题集和题库，在此向他们表示衷心的感谢。

由于编者水平有限，疏漏之处在所难免，恳请广大读者批评指正。

编　者

2007年1月

目　录

1-1. 在下列空格中，按照示范的长仿宋体汉字进行书写练习

机械制图是将要从事机械工程的科技人员必修的一门重要

技术基础课汉字应写成长仿宋体要采用国家公布的简化字

铸件不应有毛刺砂眼裂纹等缺陷接触要良好速度温度压力锐角装配度

1-2.按照示例完成书写练习

01234567890123456789012345678901234567890123456789012 3

ABCDEFGHIJKLMNOPQRSTUVWXYZABCDEFGHIJKLMNOPQRSTUVWXYZA

abcdefghijklmnopqrstuvwxyzabcdefghijklmnopqrstuvwxyza

机械制图标准序号名称件数重量材料备注比例描图审核日期第张技术交流

班级 学号 姓名

1-3. 参照所给的图线画各种图线

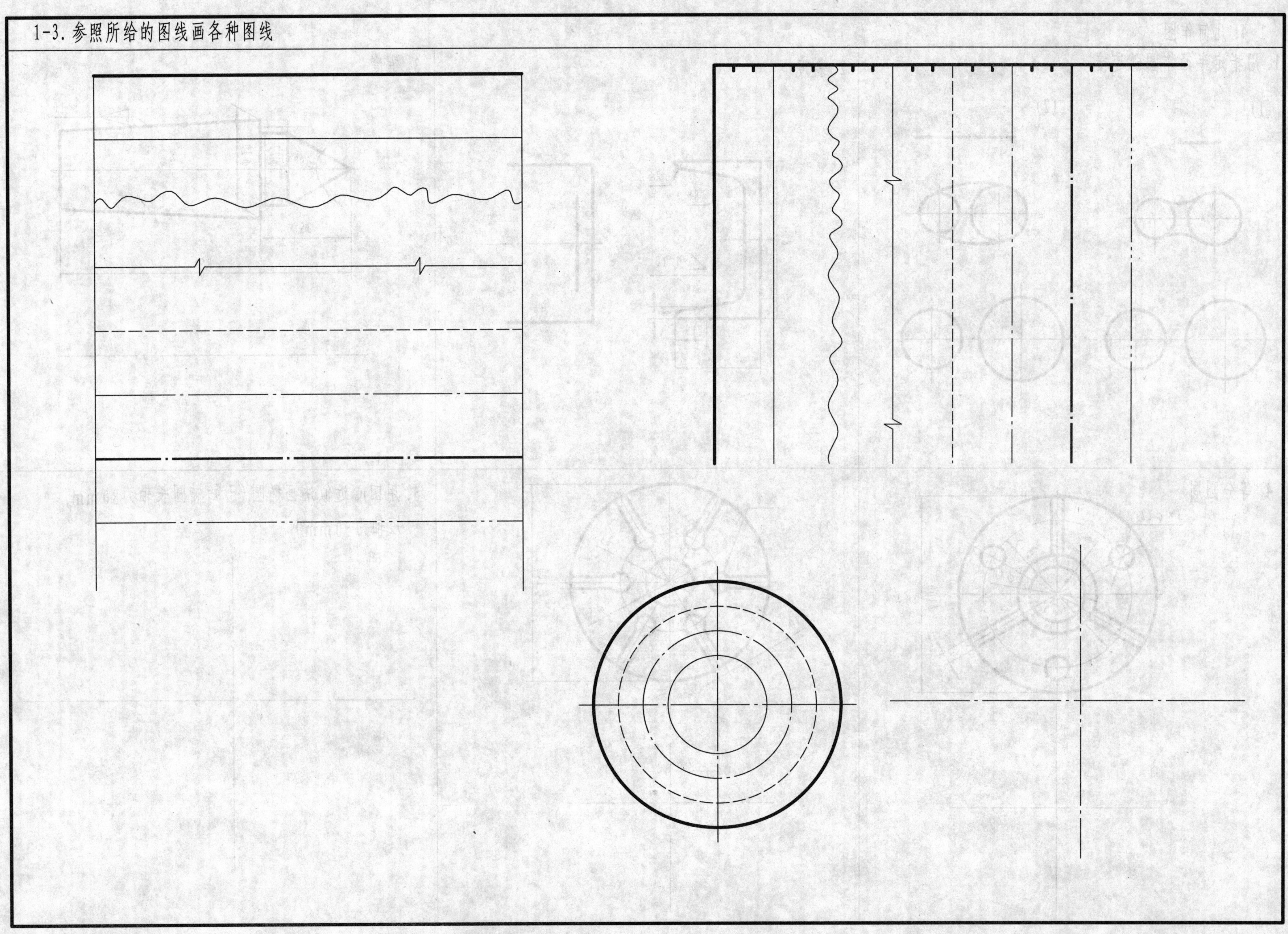

1-4. 几何作图

1. 用指定半径作圆弧连接

(1)　(2)

2. 斜度

3. 锥度

4. 等分圆周

(1)　(2)

5. 用四心近似法画椭圆(已知椭圆长轴为80mm，短轴为50mm)

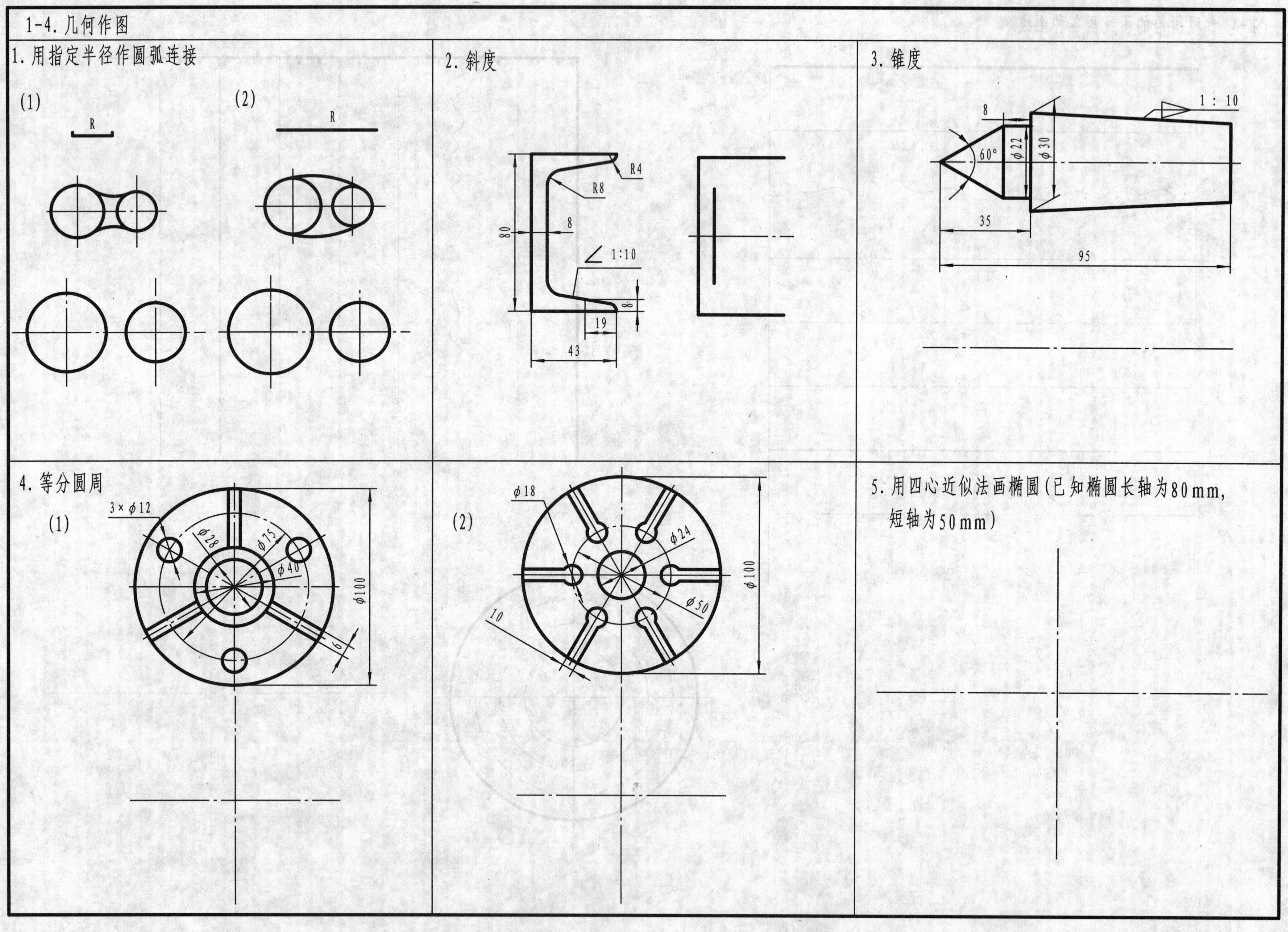

班级　学号　姓名

1-5. 基本练习：用A4幅面，按所给尺寸1：1抄画平面图形

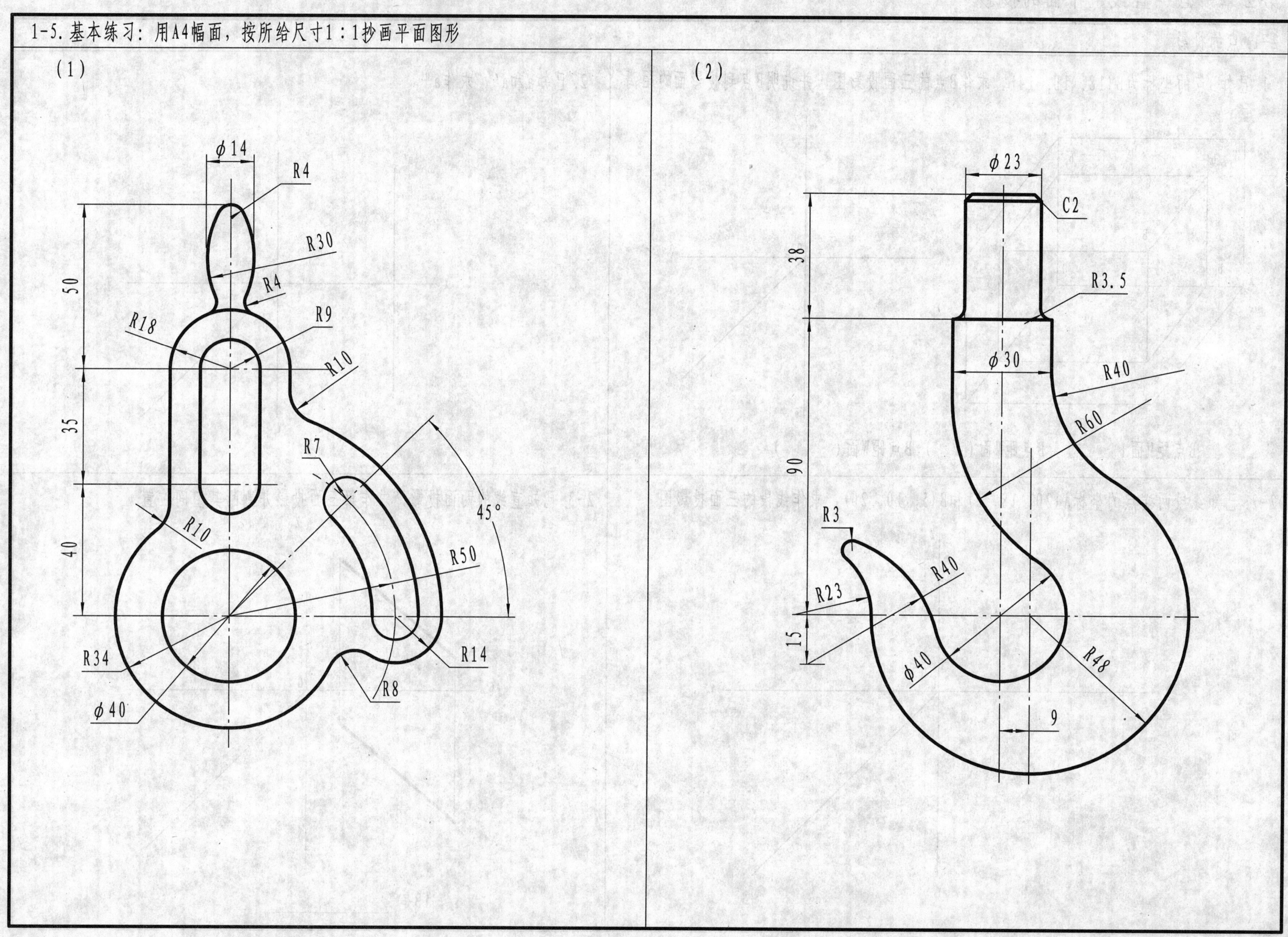

班级 学号 姓名

2-1. 点的投影

1. 已知B点的坐标为B(18, 10, 14)，求作B点的三面投影图，并说明B点到投影面的距离

2. 已知a和a′，求作a″

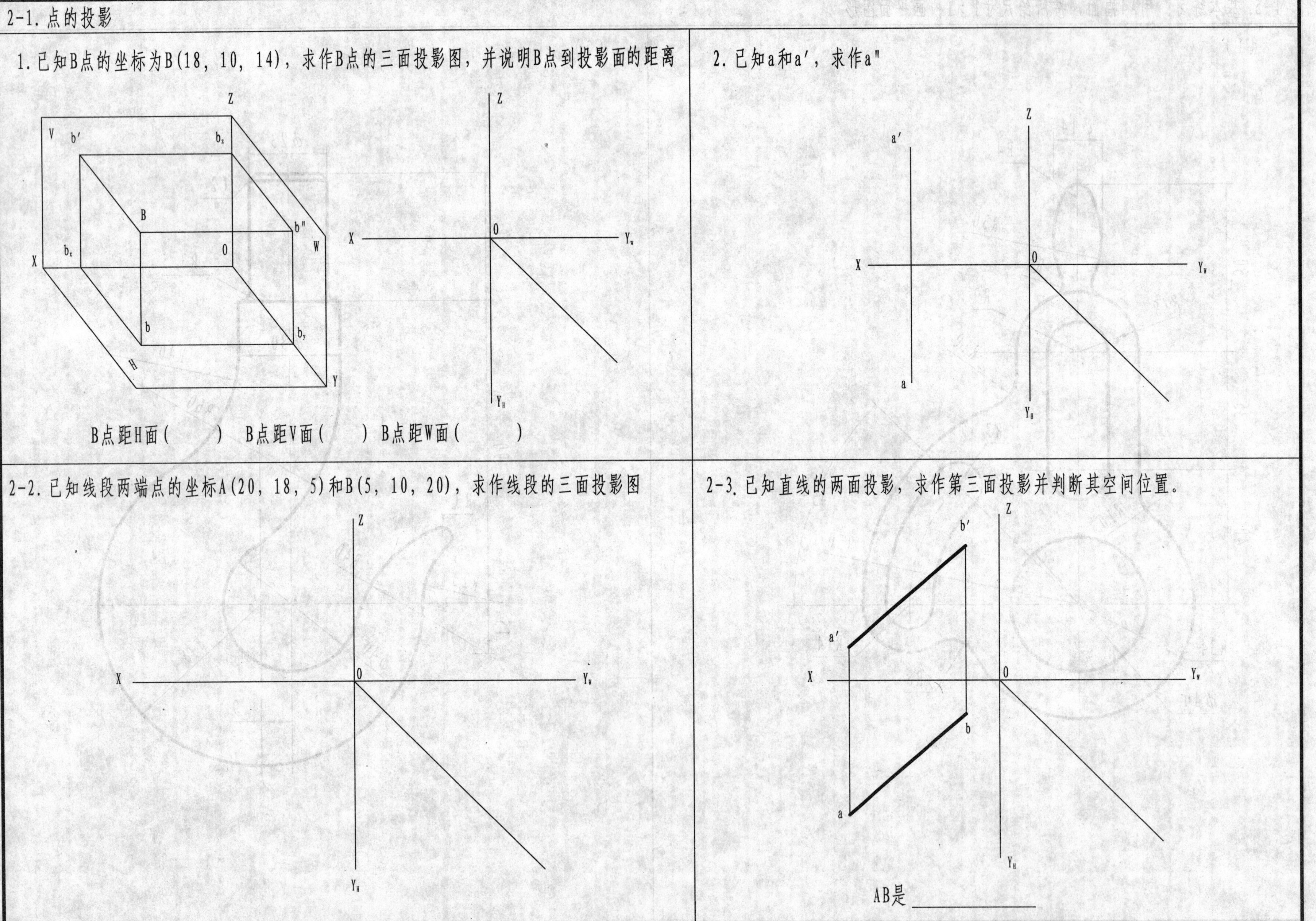

B点距H面(　　)　B点距V面(　　)　B点距W面(　　)

2-2. 已知线段两端点的坐标A(20, 18, 5)和B(5, 10, 20)，求作线段的三面投影图

2-3. 已知直线的两面投影，求作第三面投影并判断其空间位置。

AB是____________

　班级　　学号　　姓名

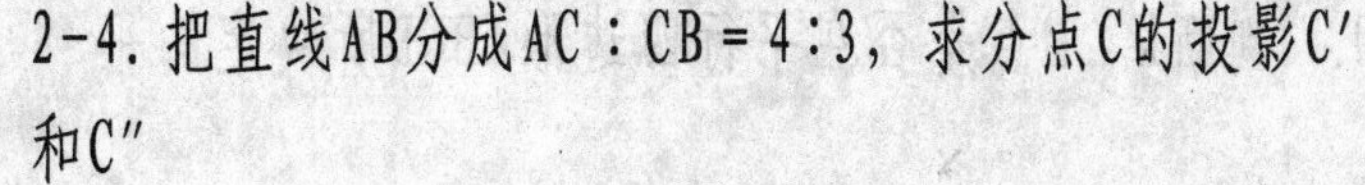

2-4. 把直线AB分成AC：CB＝4:3，求分点C的投影C′和C″

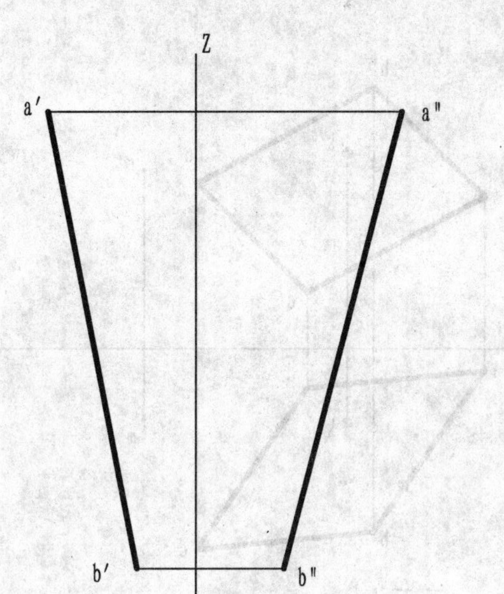

2-5. 已知K点在BC直线上，求K点的H面投影k

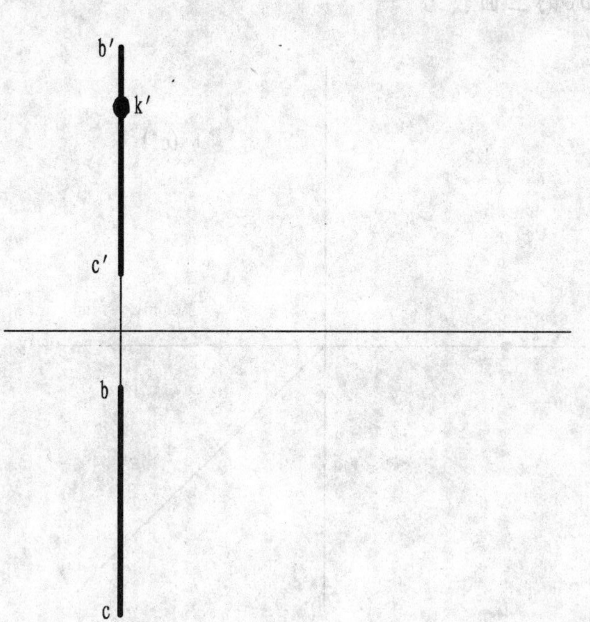

2-6. 在直线ED上确定一点F，使F点到V面和到H面的距离相等，求F点的三面投影

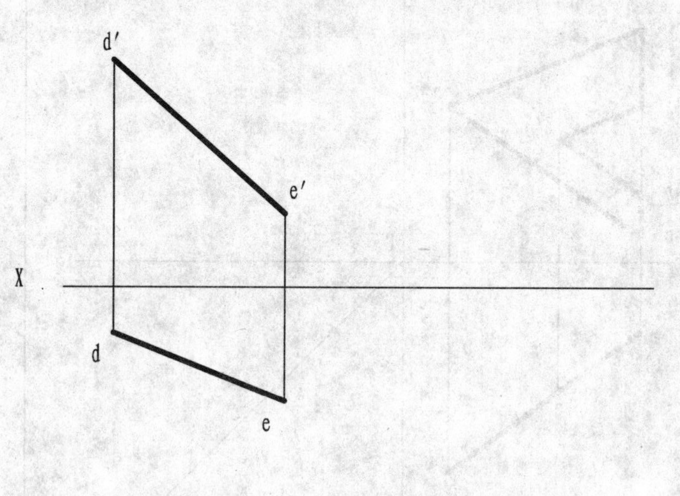

2-7. 判别下列两直线的相对位置(平行、相交、交叉)

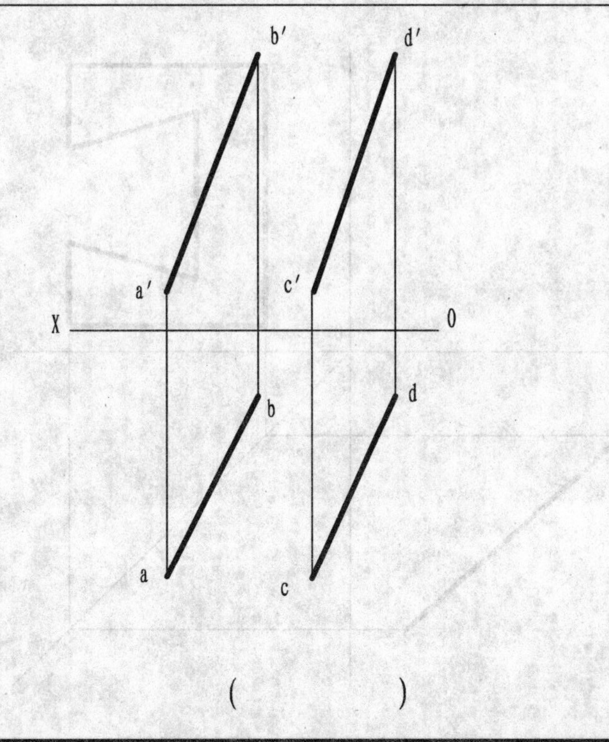

(　　　)

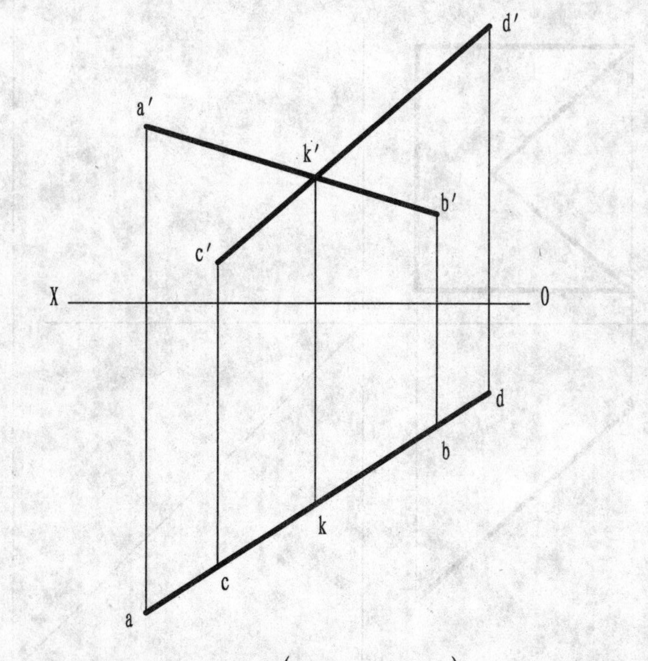

(　　　)

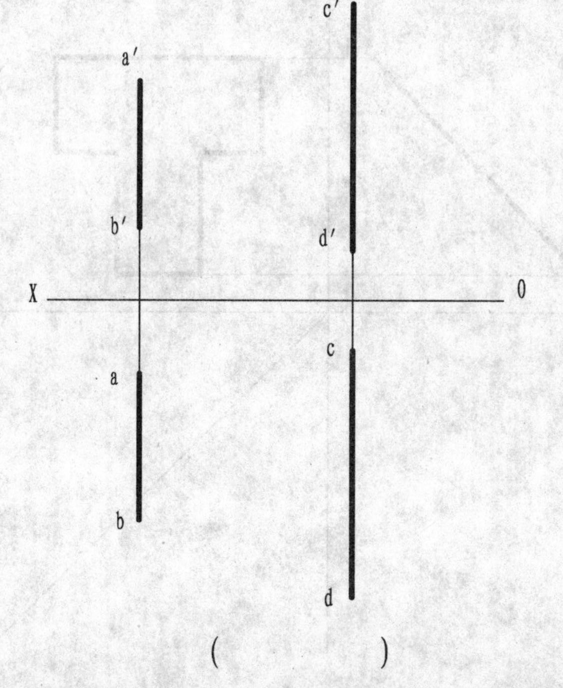

(　　　)

班级　　　　学号　　　　姓名

2-8. 已知下列平面图形的两面投影，求作第三面投影并判断该平面图形的空间位置

2-9. 已知等腰三角形△ABC的底边BC=20mm，求作△ABC的三面投影

2-10. 判断K、M点是否在平行四边形ABCD所决定的平面上

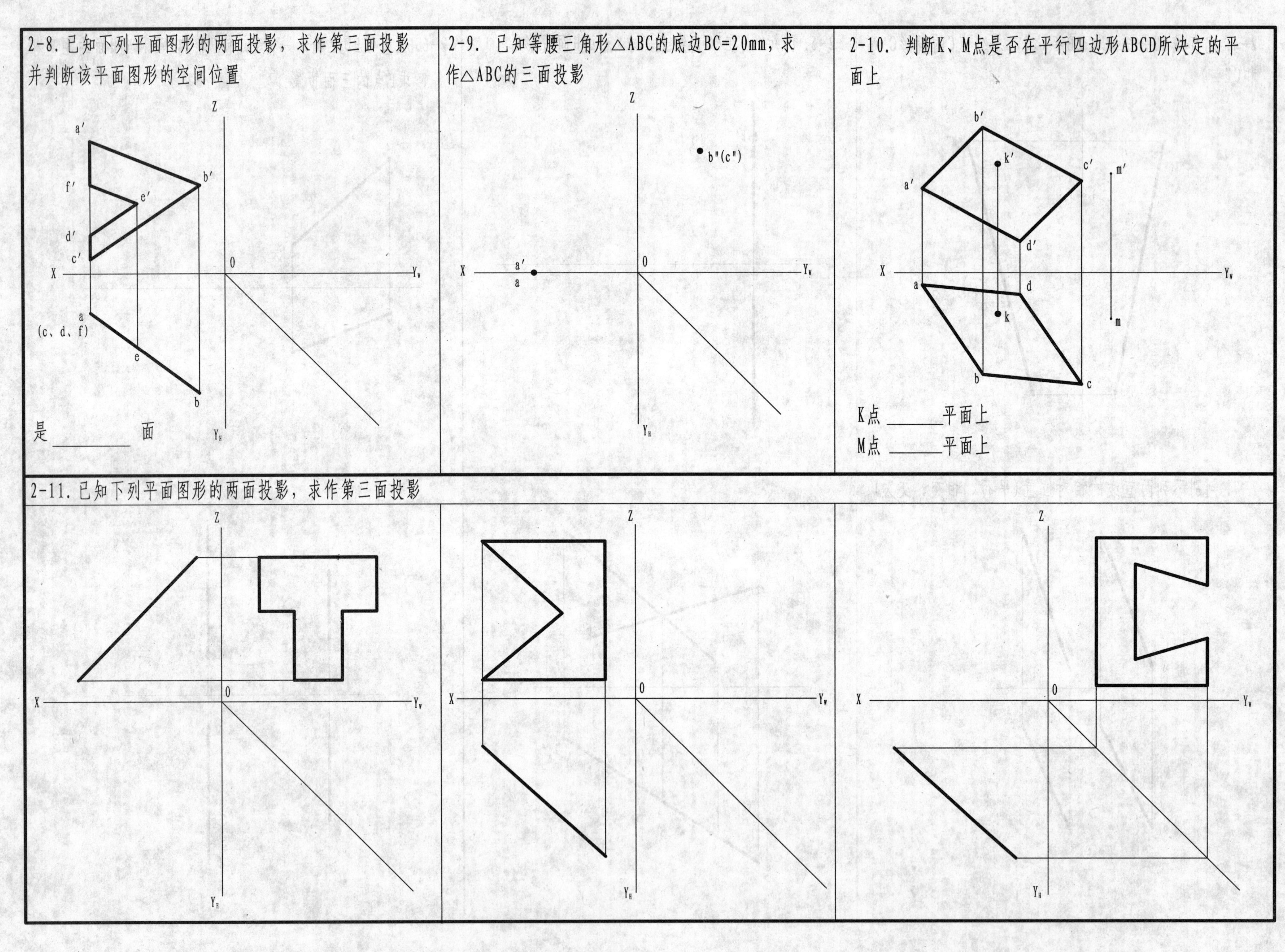

2-11. 已知下列平面图形的两面投影，求作第三面投影

班级　　　　学号　　　　姓名

3-1. 已知平面立体的两面视图，补画其第三面视图并求出立体表面上点的另两面投影

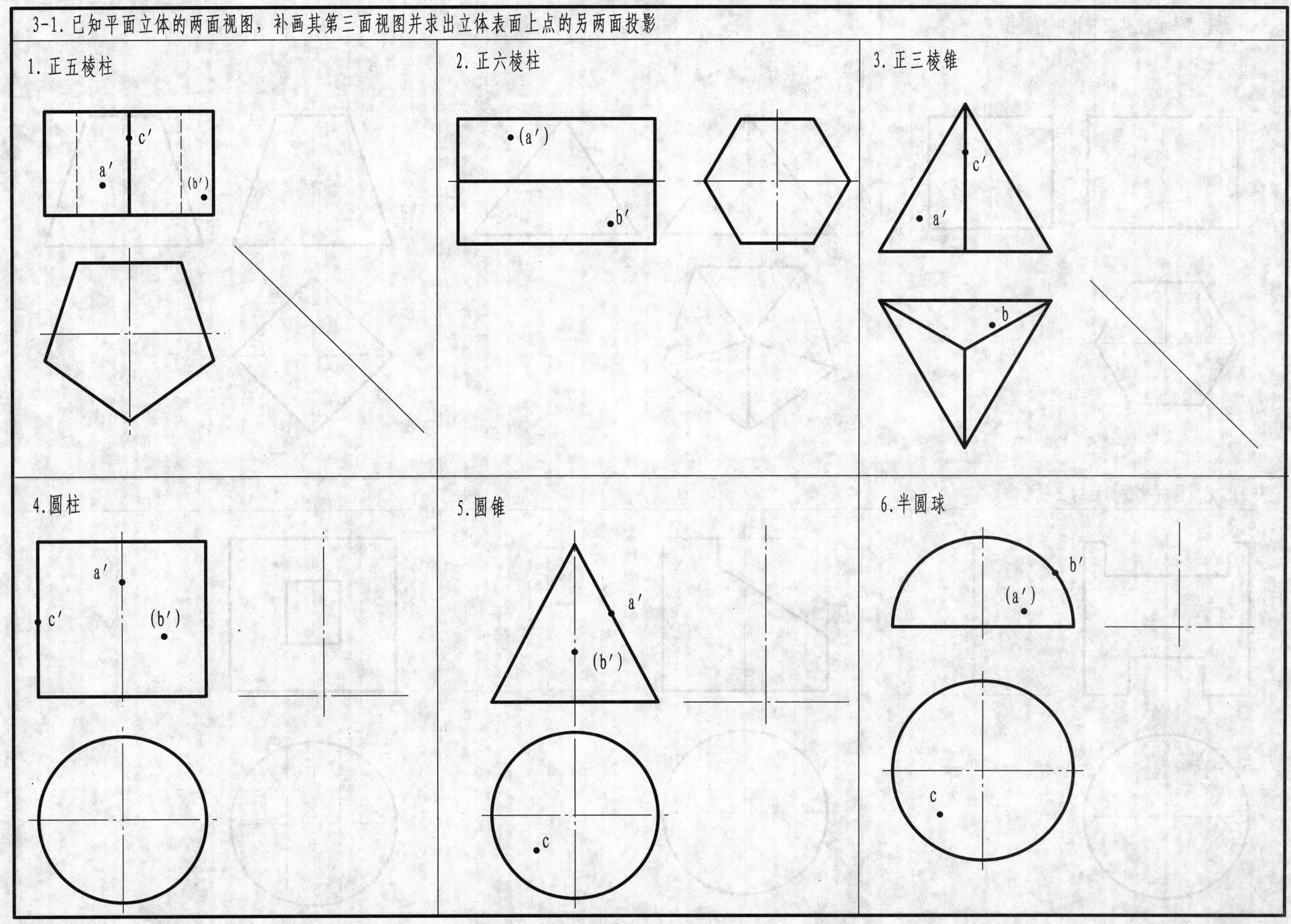

3-2. 补画各平面立体三视图中的漏线

1. 正六棱柱

2. 正五棱柱

3. 四棱台

3-3. 完成圆柱被截切后的三视图

1.

2.

3.

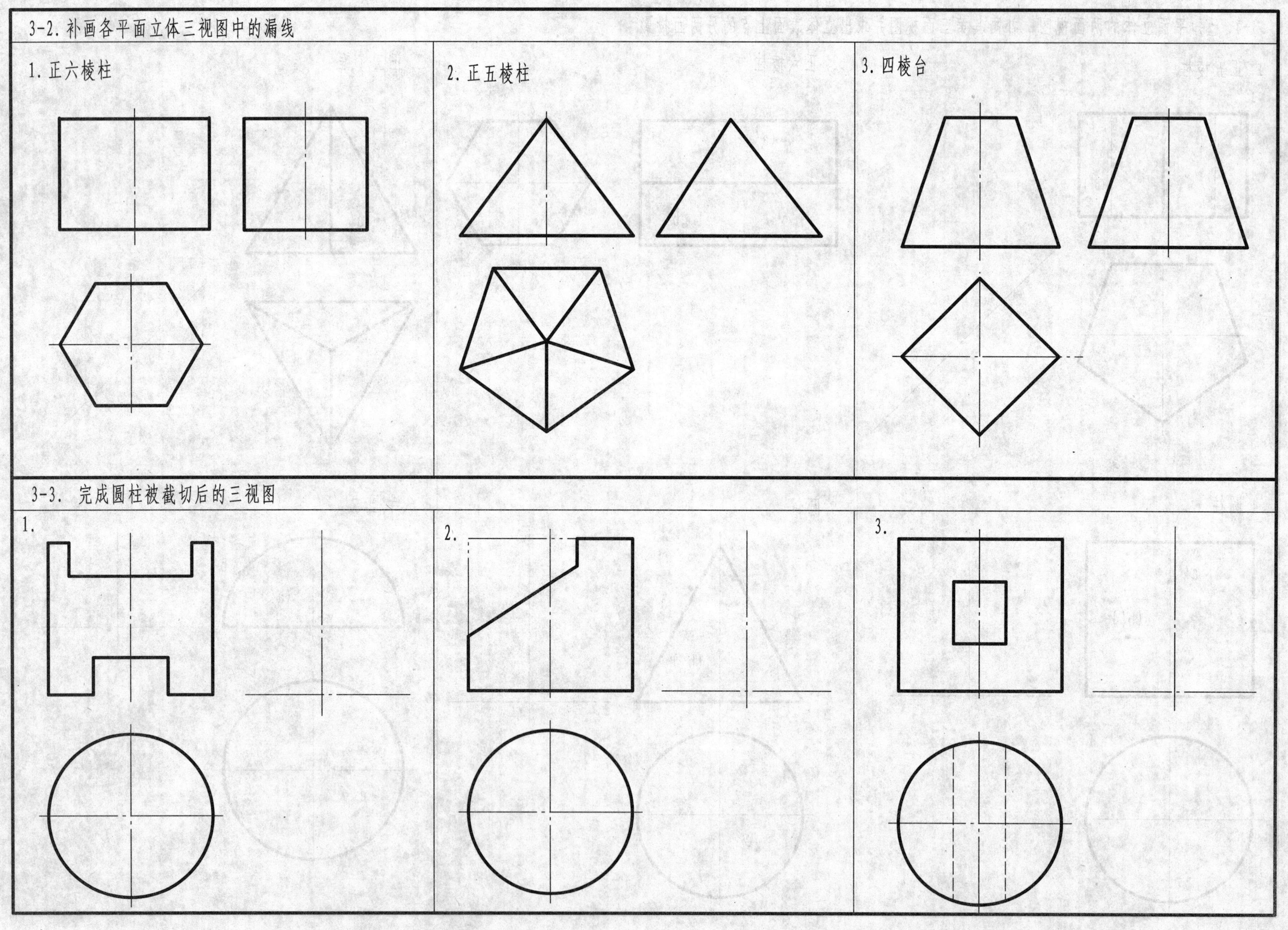

班级　　学号　　姓名

3-4. 补画下面各立体的左视图和俯视图中的漏线

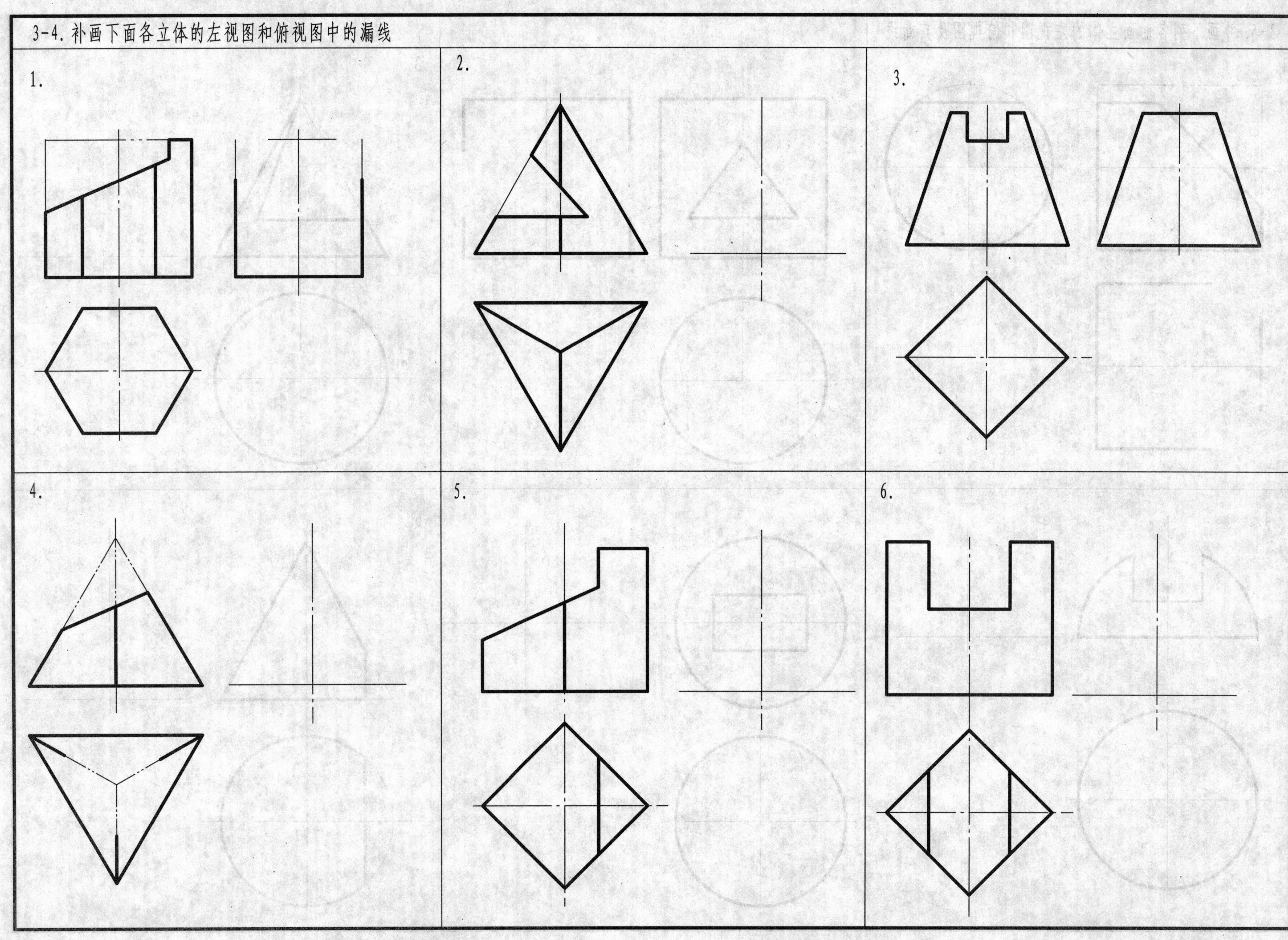

3-5. 补画下列各曲面立体的左视图和俯视图及其漏线

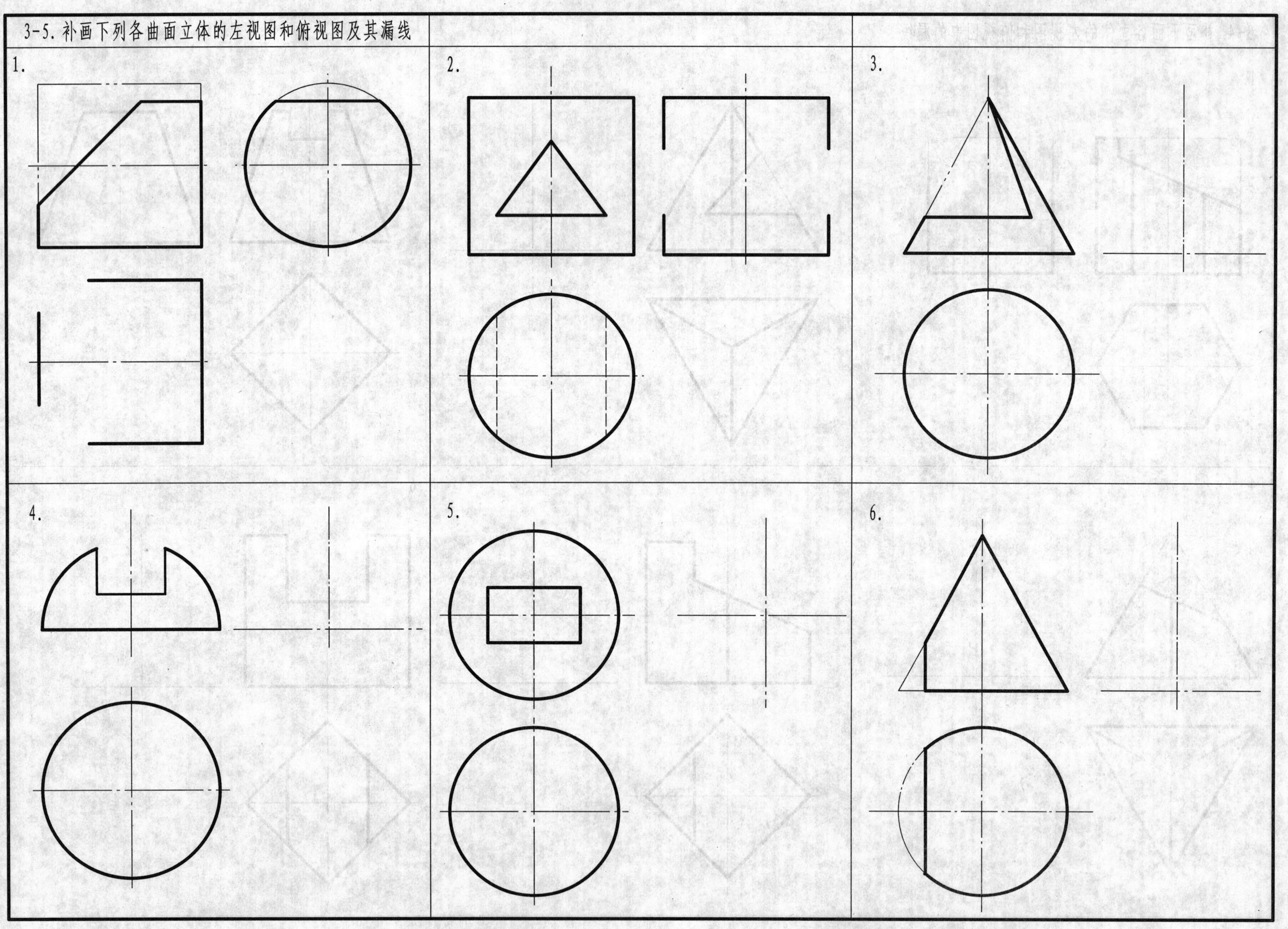

班级　　学号　　姓名

3-6.补画俯视图和左视图的漏线

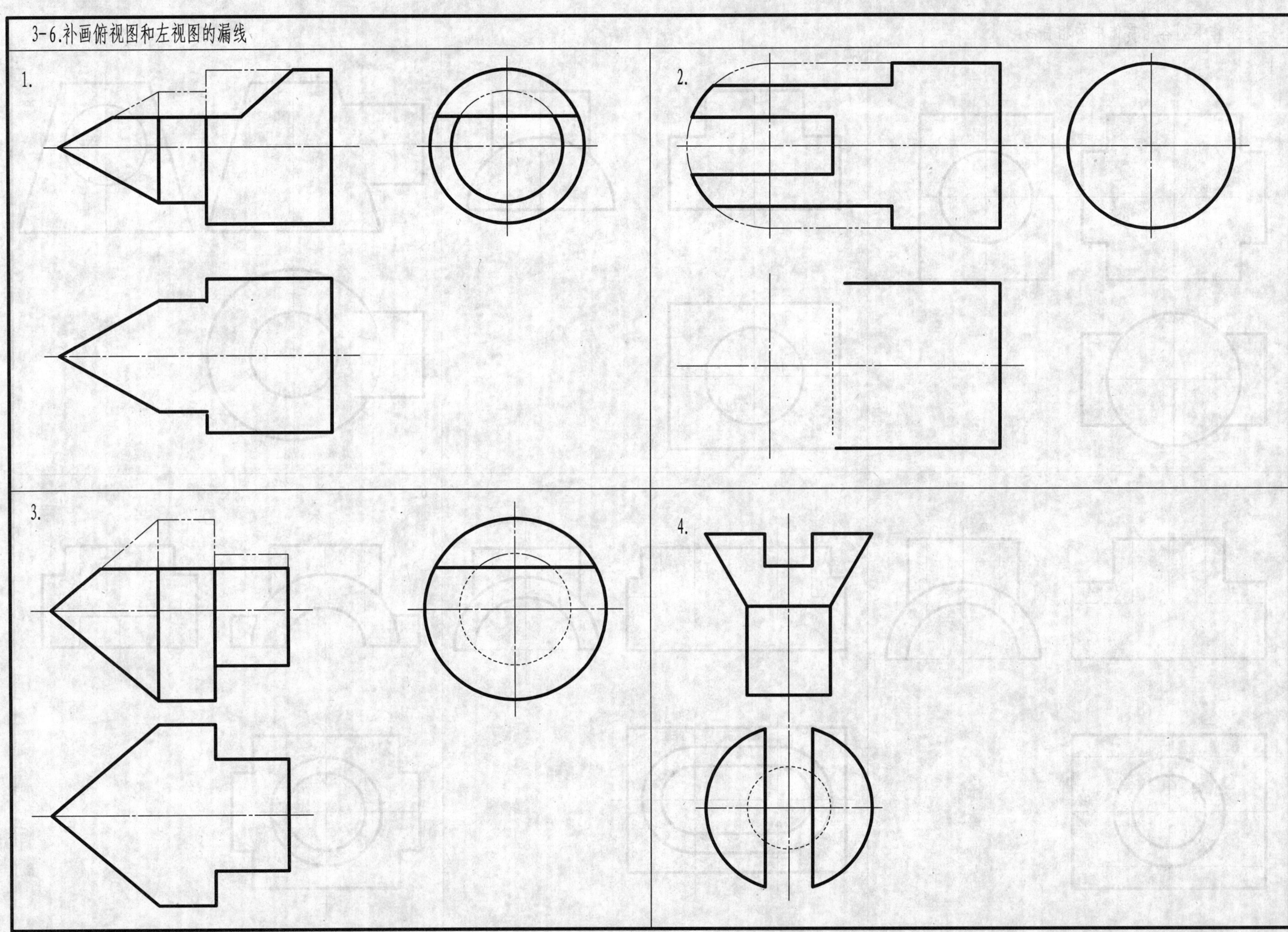

3-7. 求作下列各相贯体中的相贯线

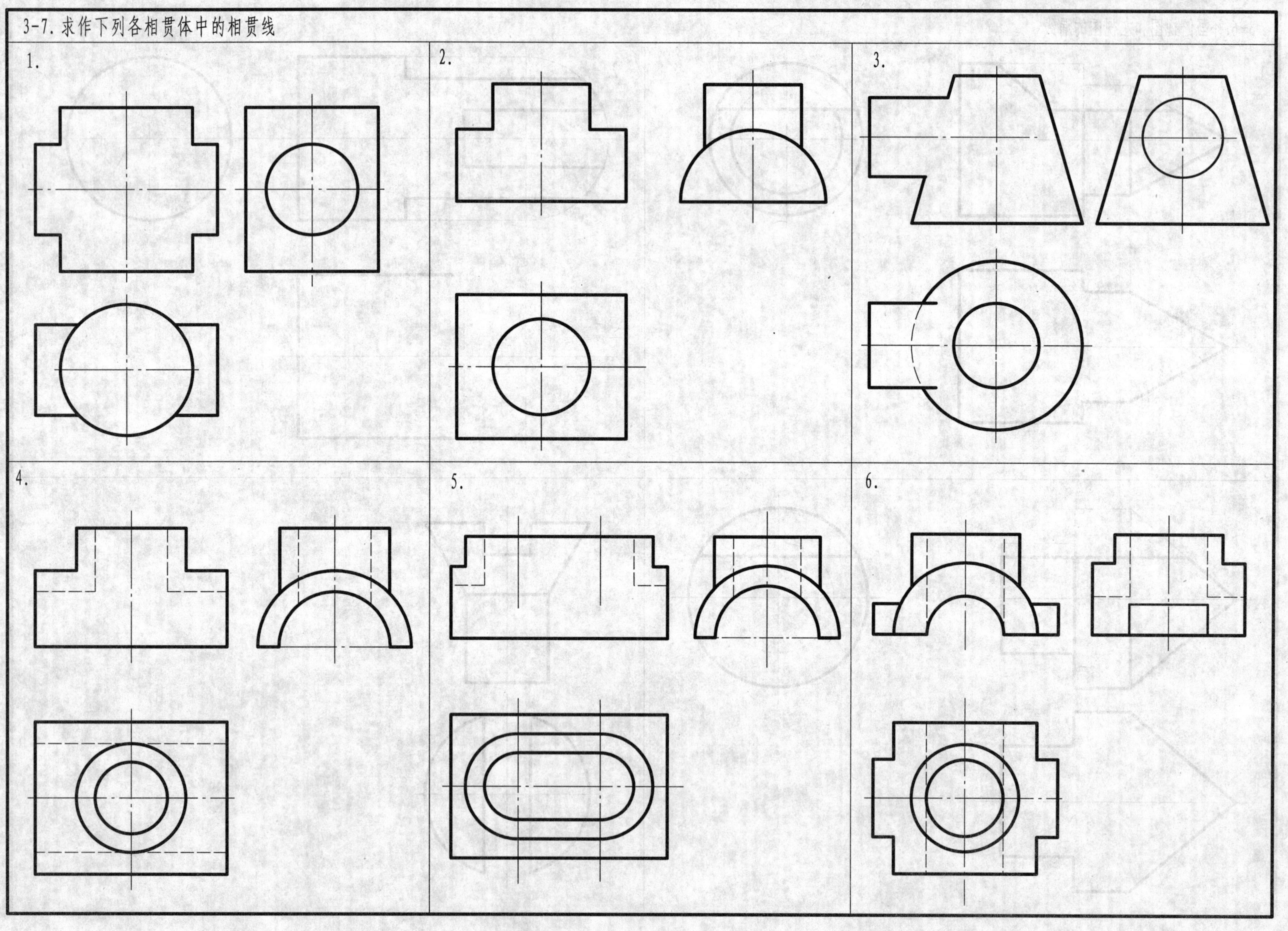

班级　　　　学号　　　　姓名

3-8. 完成下列各相贯体的特殊情况相贯线（大小圆柱垂直相贯的相贯线可以用简化画法）

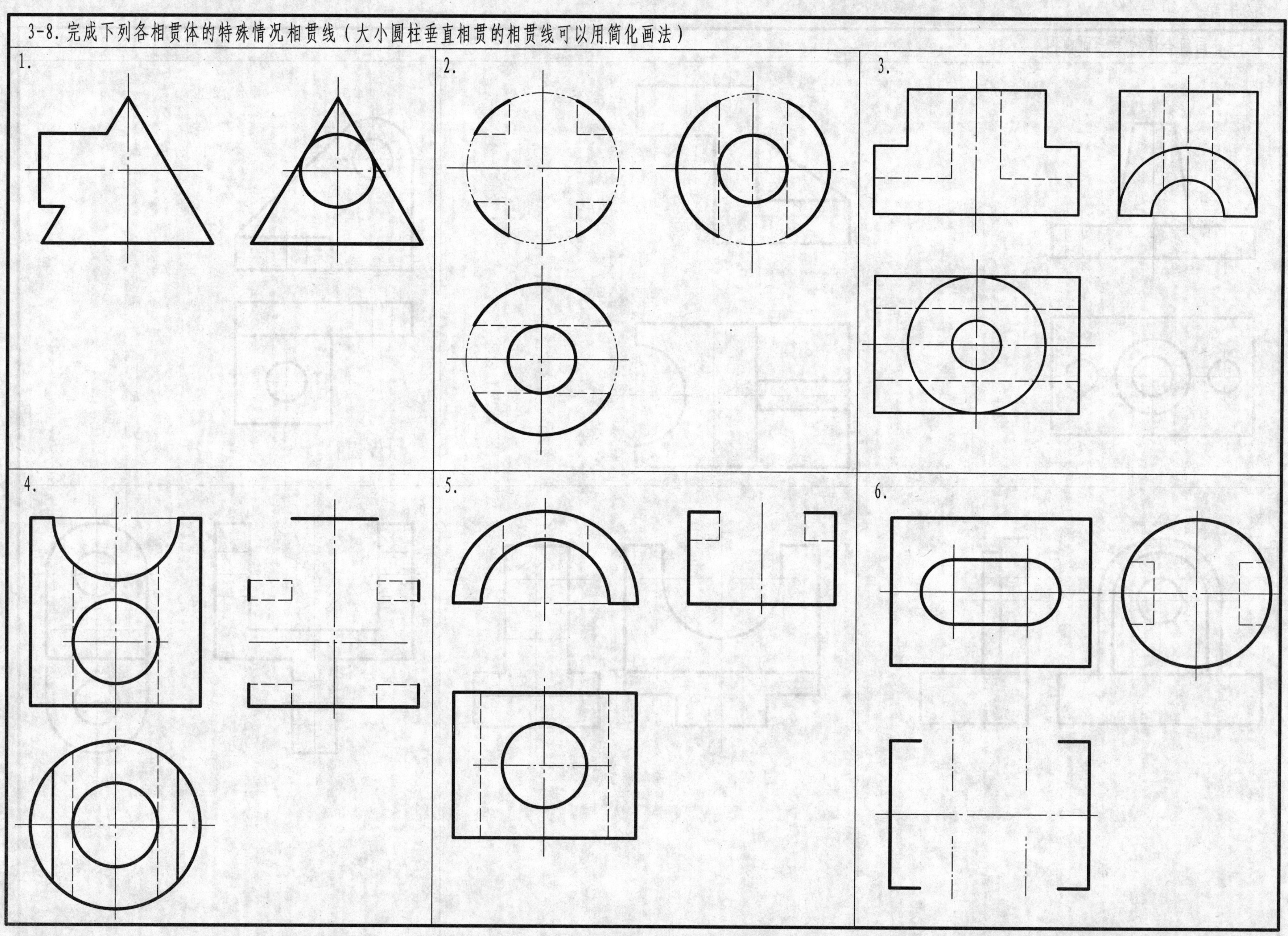

4-1. 补画组合体的第三面视图

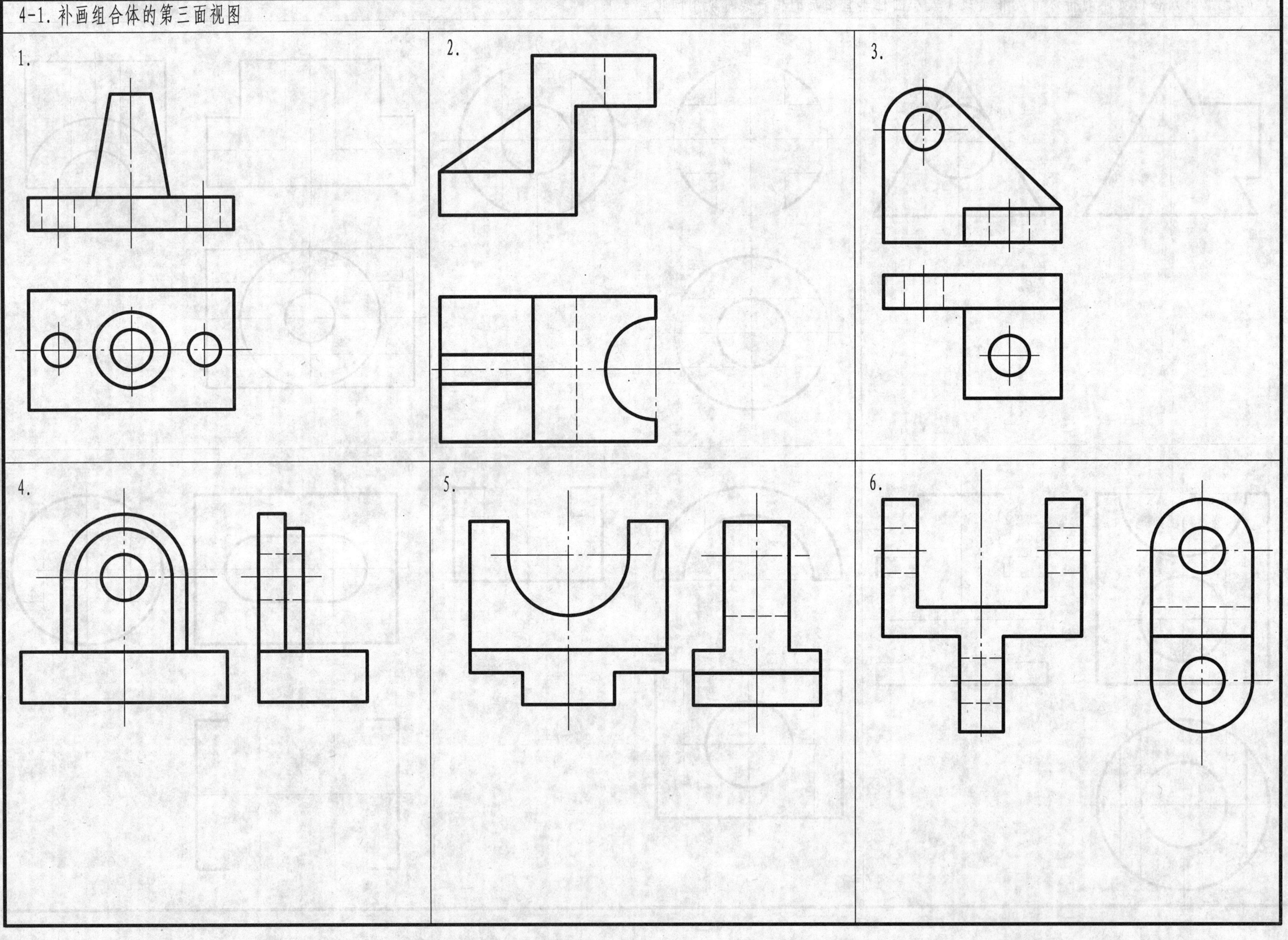

班级　　　　学号　　　　姓名

4-2. 已知组合体的主、俯视图，补画其左视图

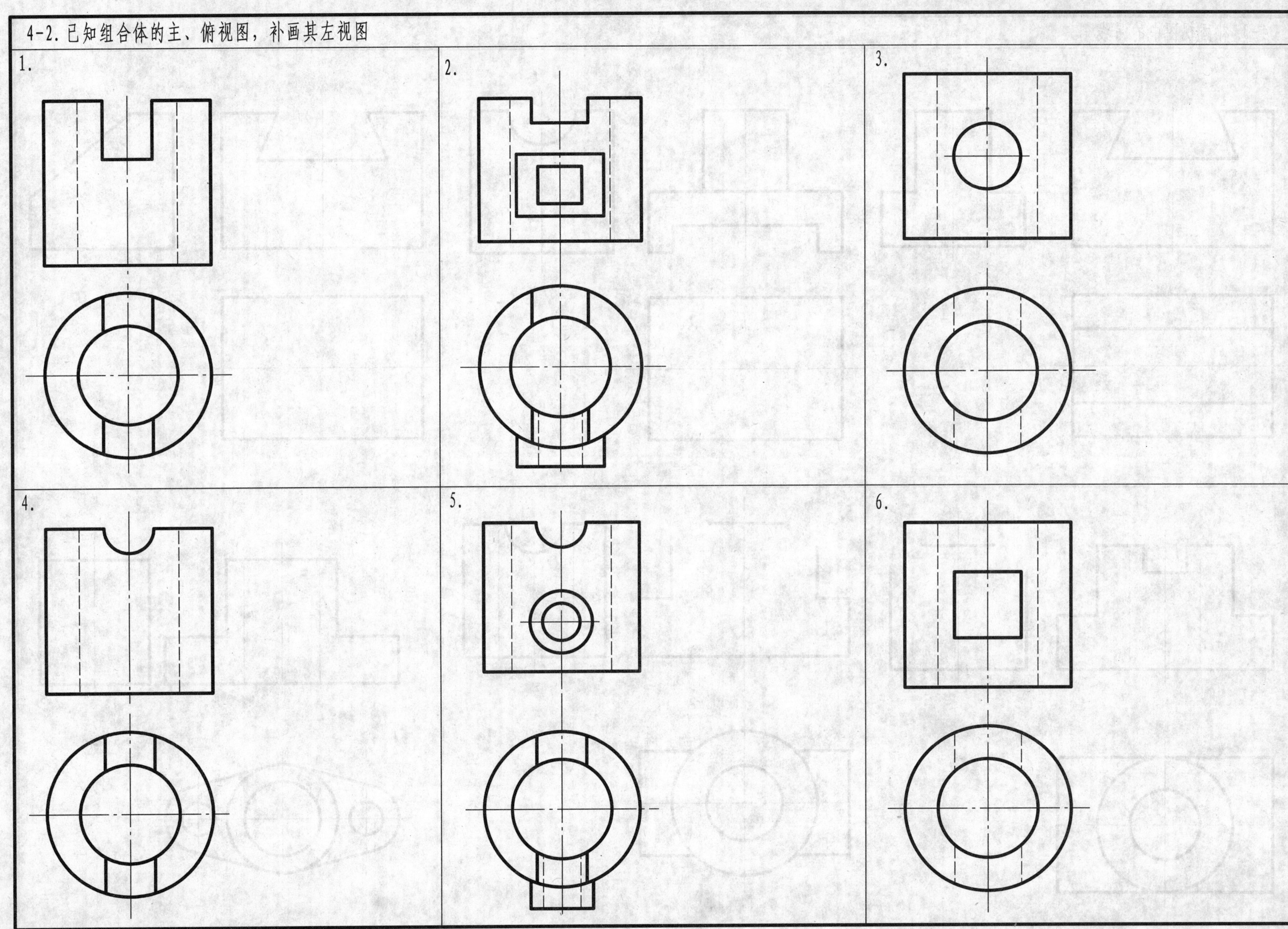

4-3. 补画视图中的漏线

1.

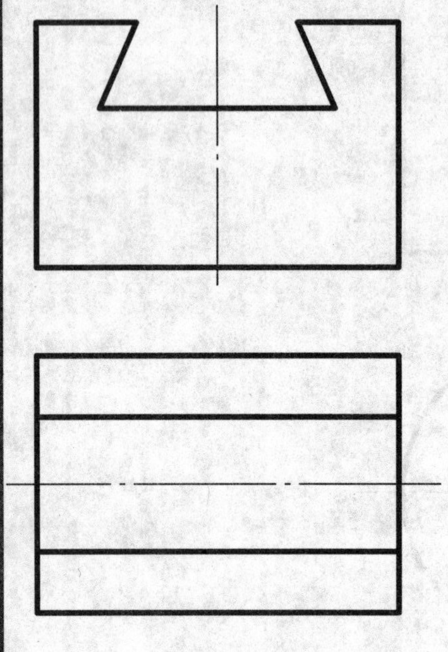

2.

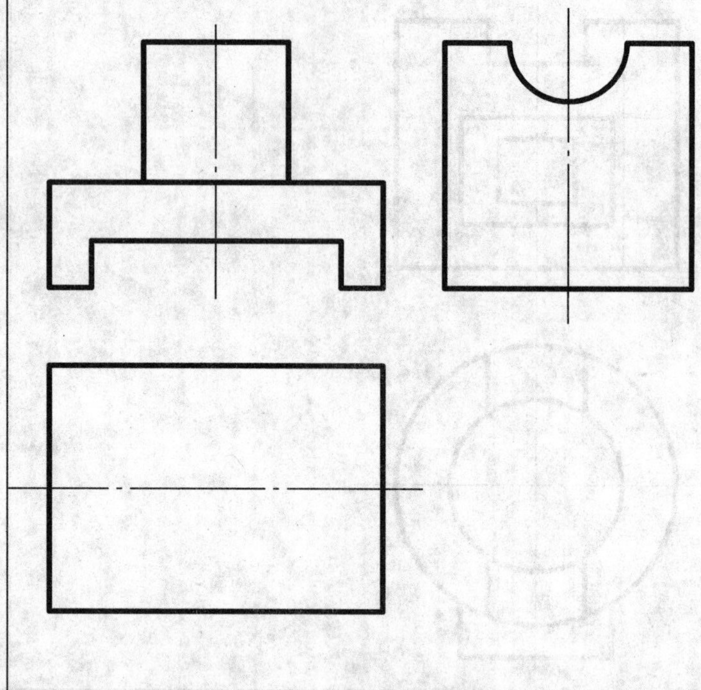

3.

4.

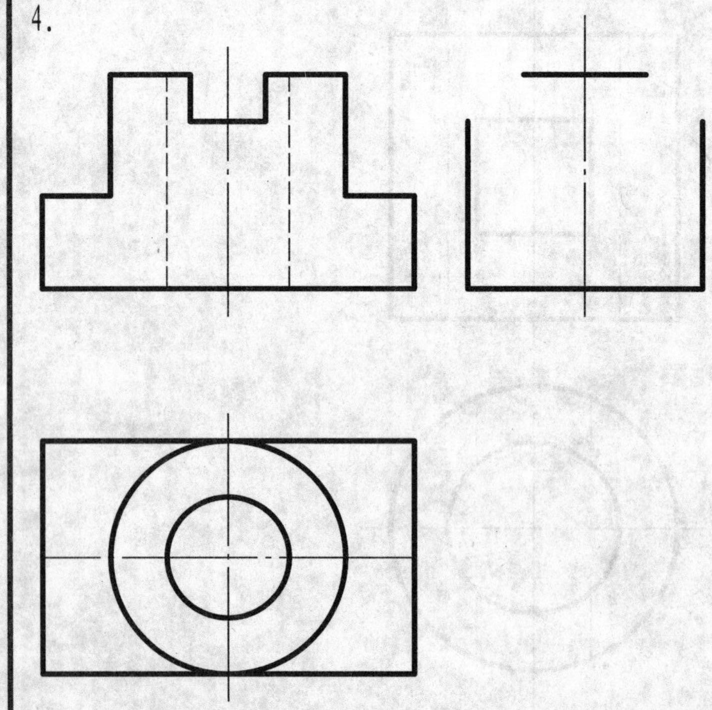

5.

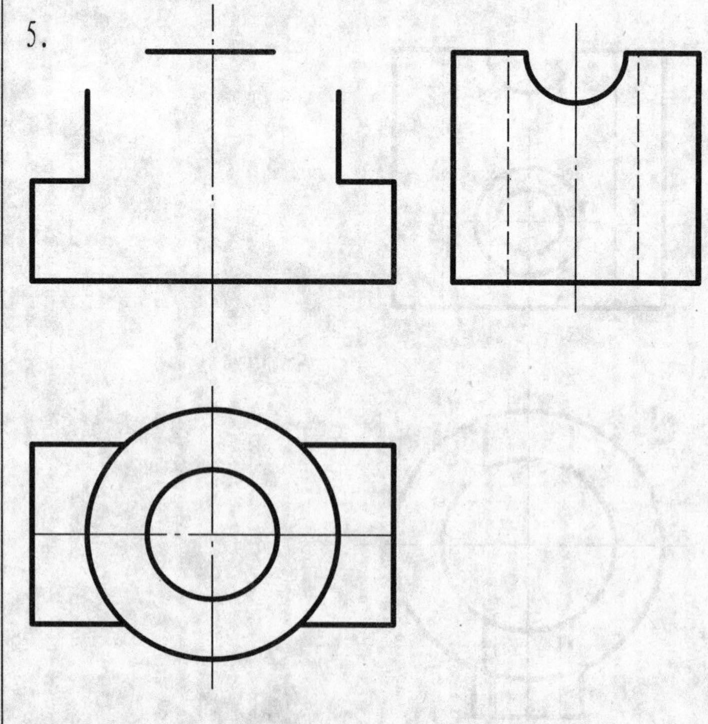

6.

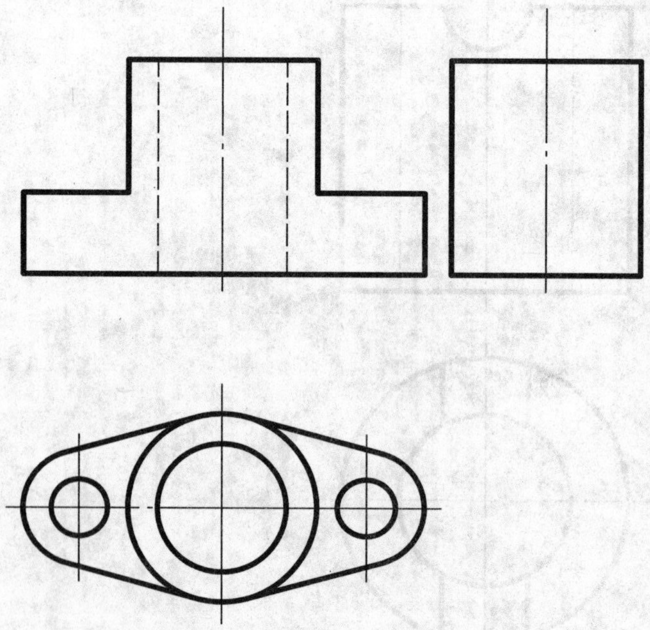

班级　　学号　　姓名

4-4. 补画视图中的漏线

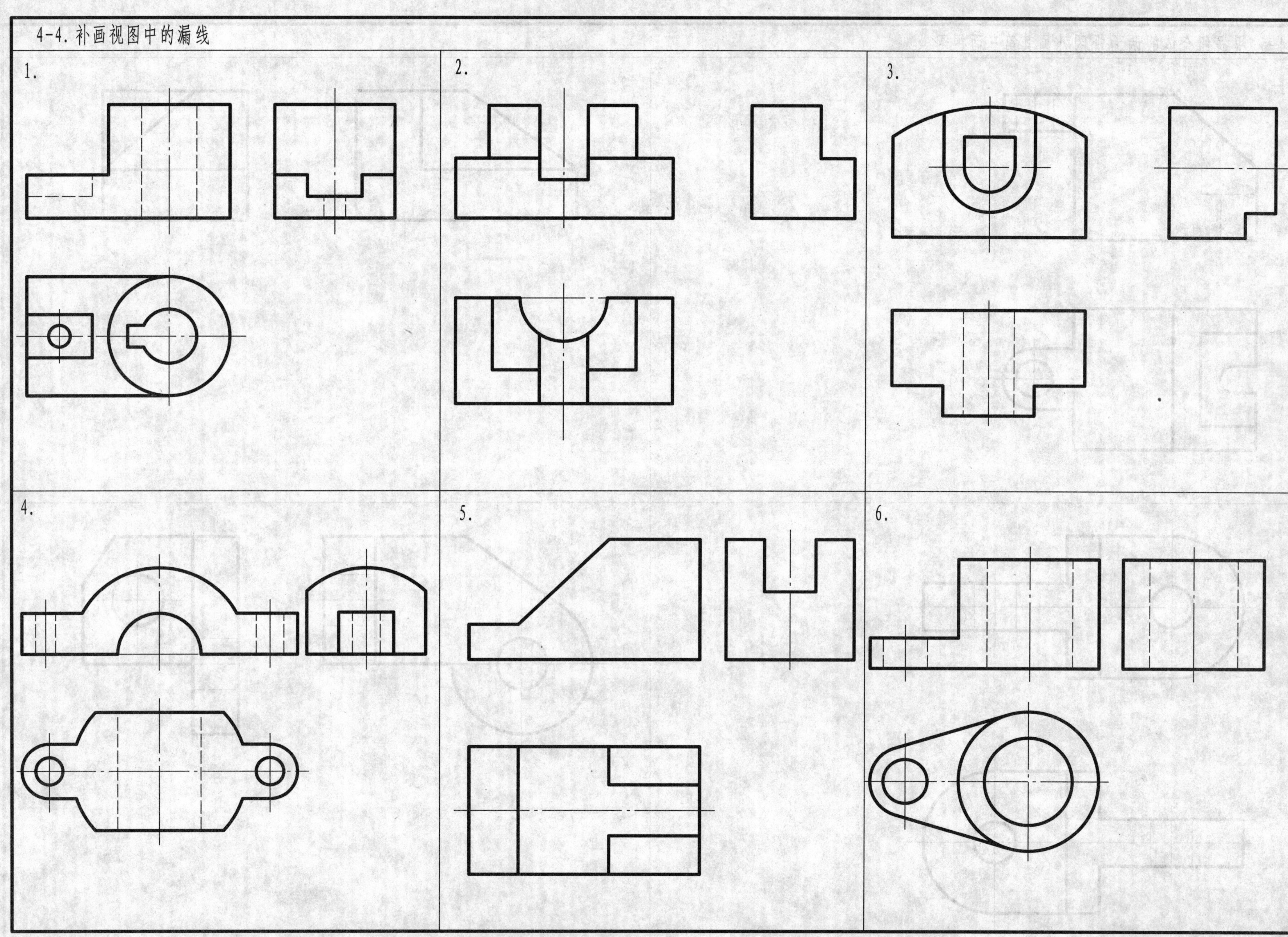

4-5. 根据组合体的两面视图补画其第三面视图

1.

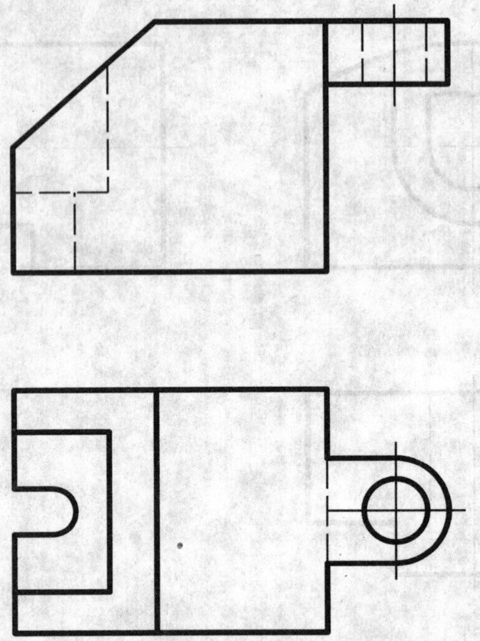

2.

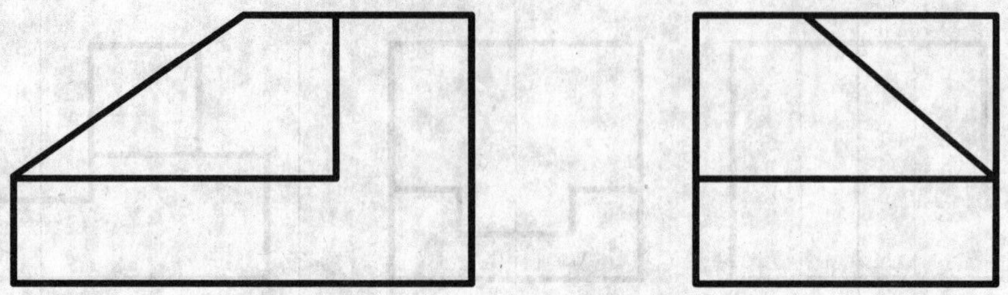

3.

4.

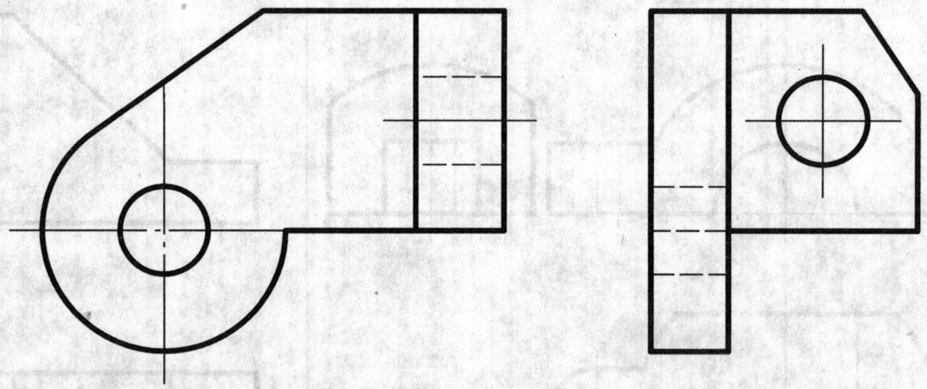

班级　　学号　　姓名

4-6. 根据组合体的两面视图补画其第三面视图

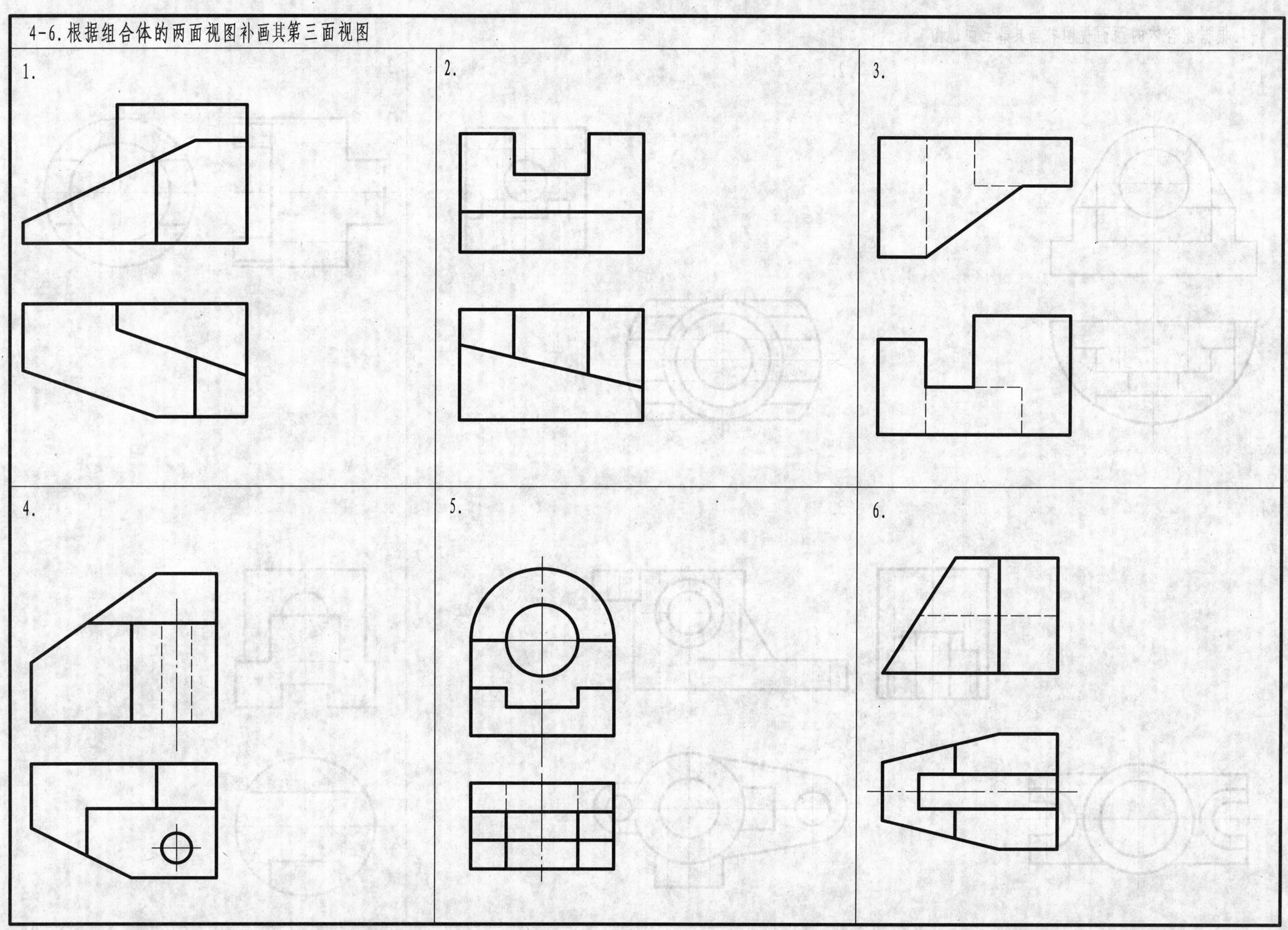

4-7.根据组合体的两面视图补画其第三面视图

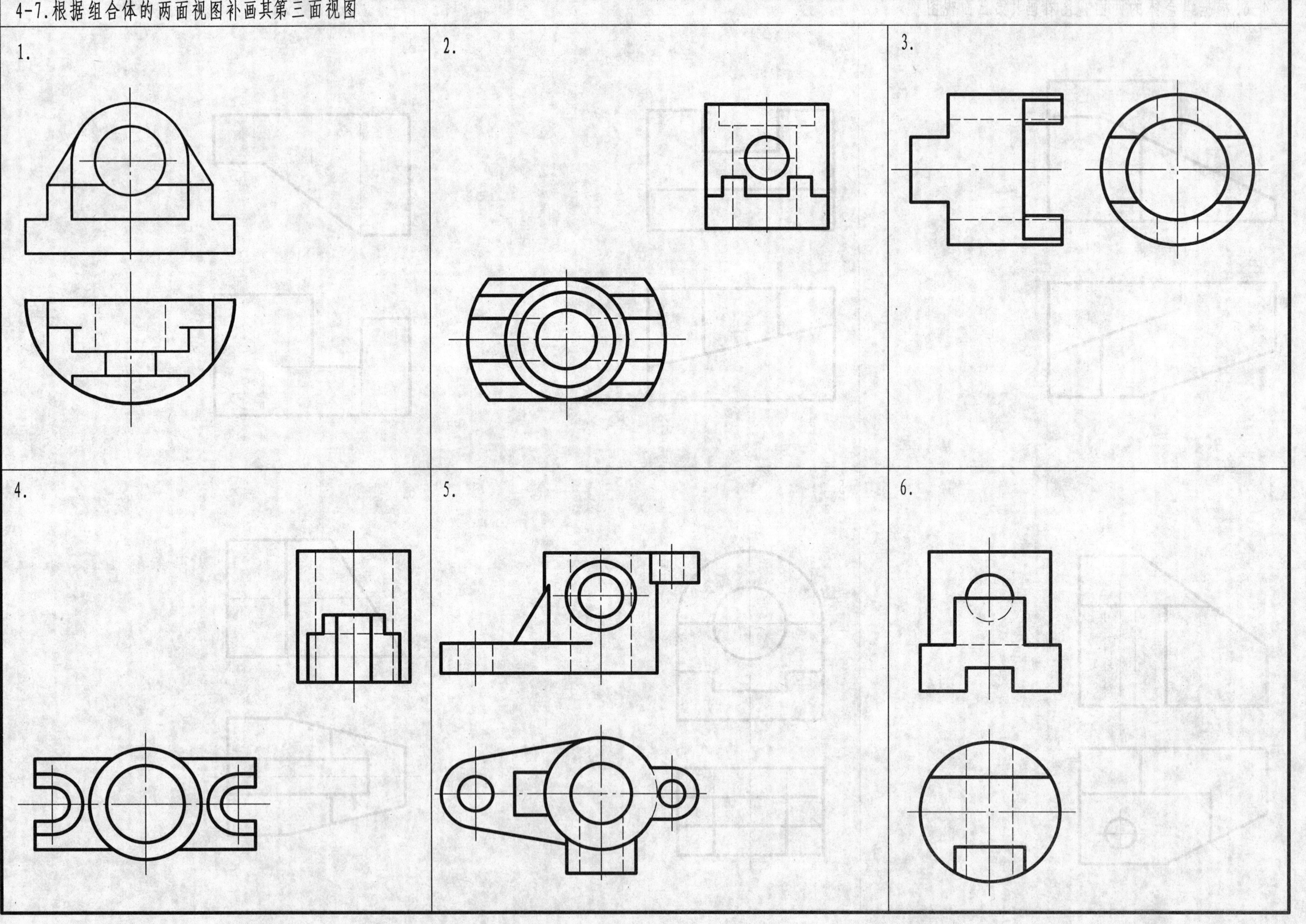

班级　　学号　　姓名

4-8.根据组合体的两面视图补画其第三面视图

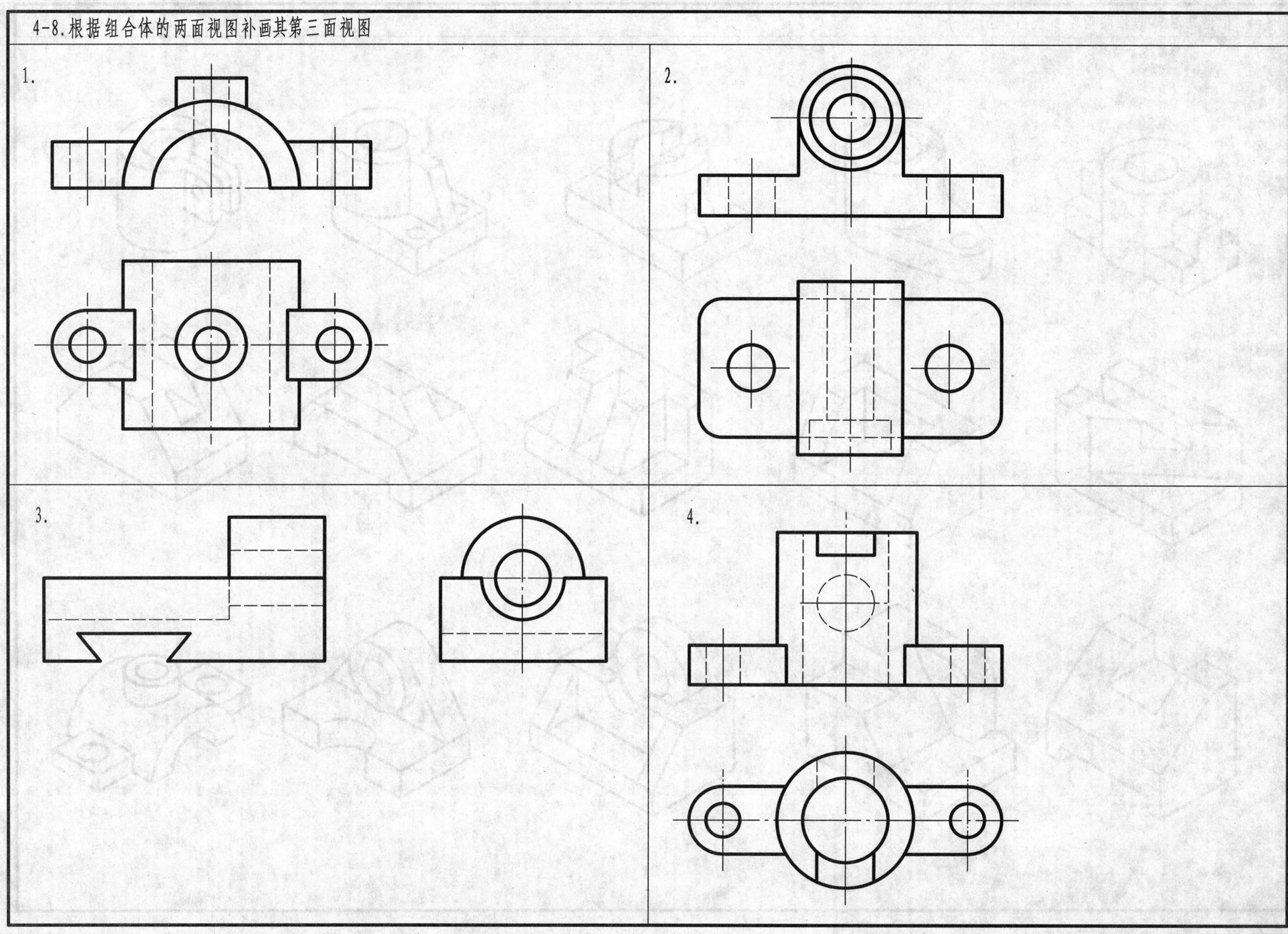

4-9. 根据组合体的轴测图画三视图

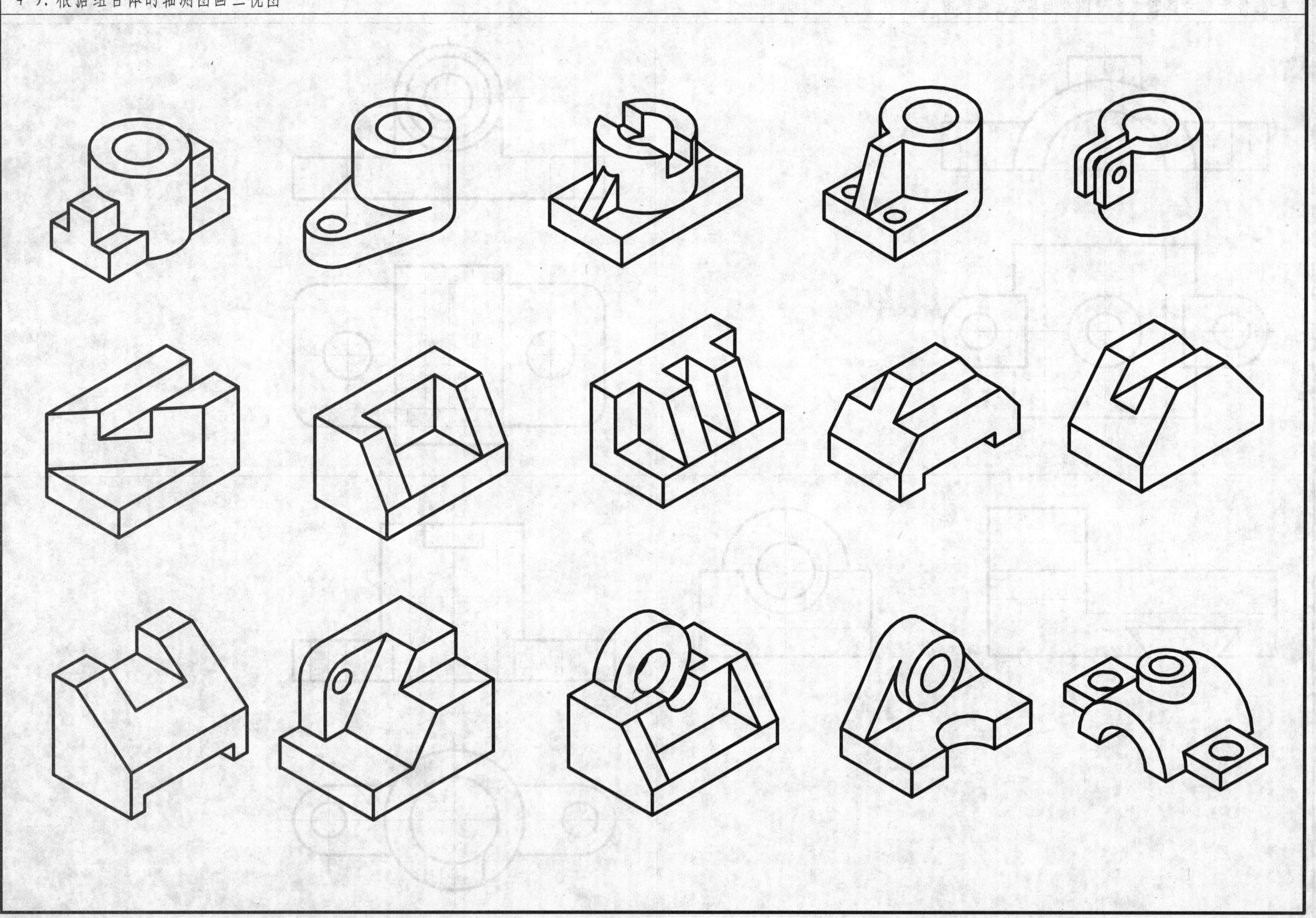

班级　　学号　　姓名

4-10. 补画下列组合体中主视图和左视图中所缺的图线，并标注组合体的尺寸(尺寸数值从图中量出后取整数)

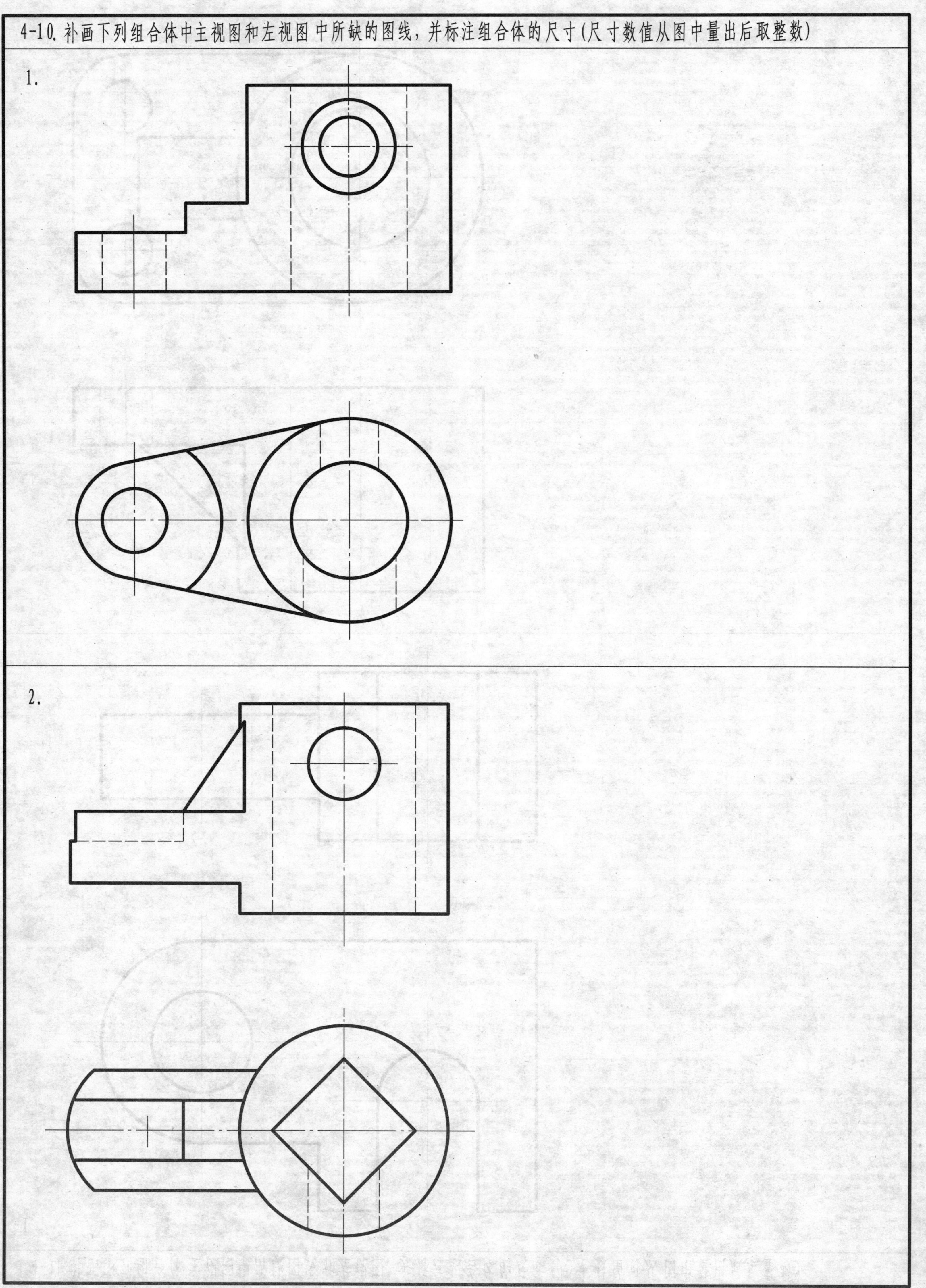

4-11.补画下列组合体主视图中所缺图线和左视图，并标注组合体的尺寸(尺寸数值可从图中量出后取整数)

1.

2.

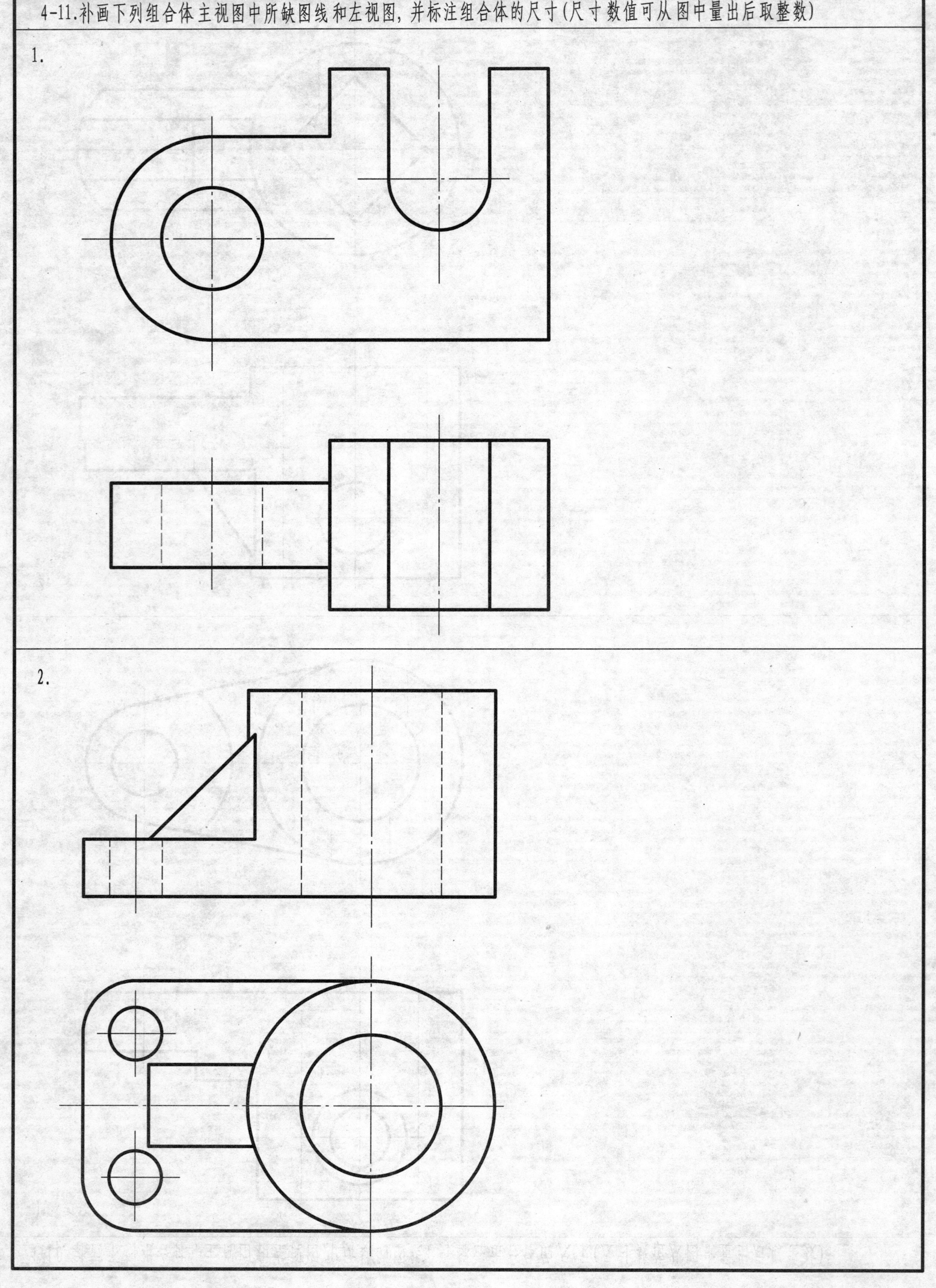

5-1. 画下列形体的正等测图

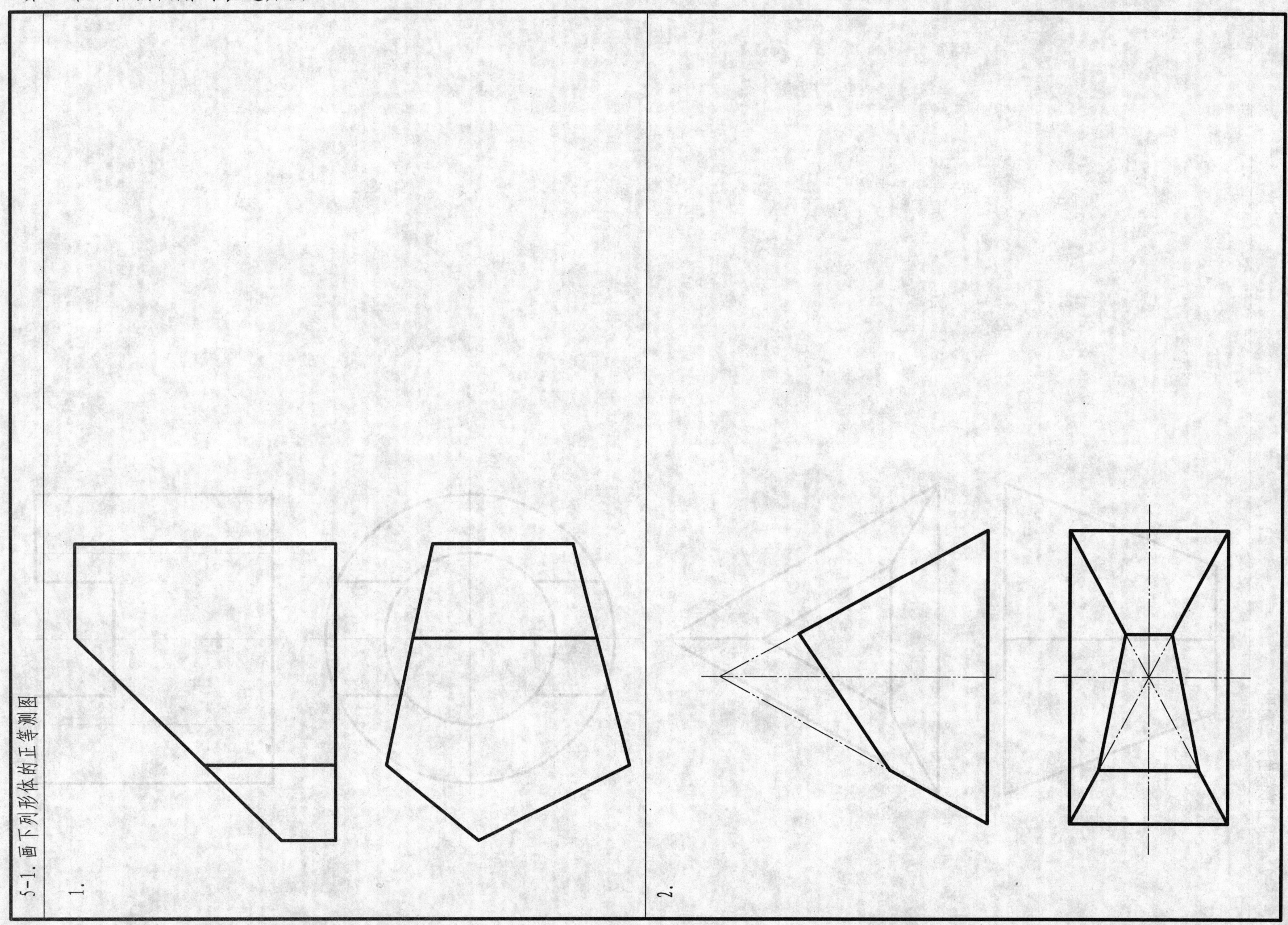

班级　学号　姓名

5-2. 画下列形体的斜二测图

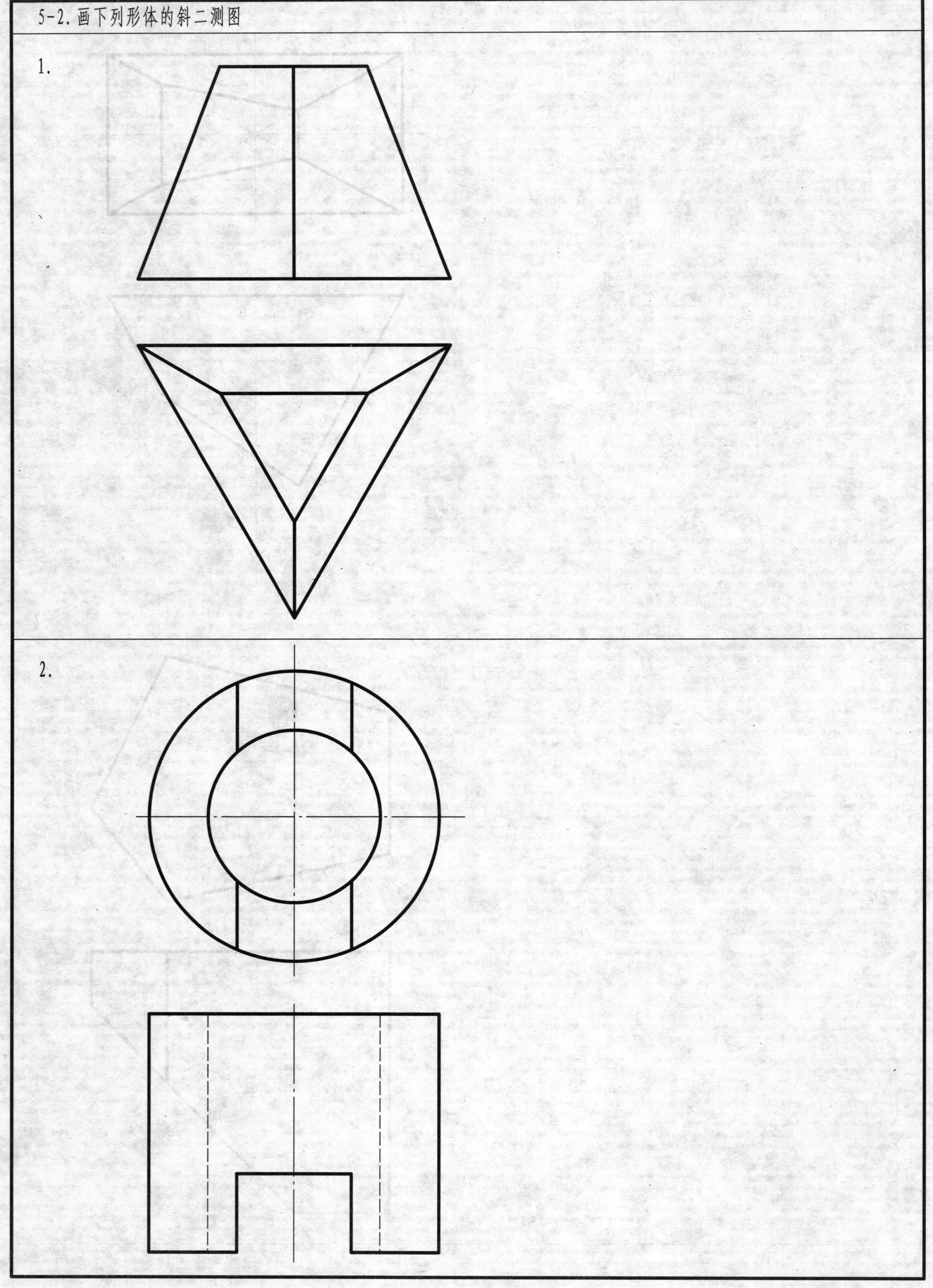

1.

2.

6-1. 视图

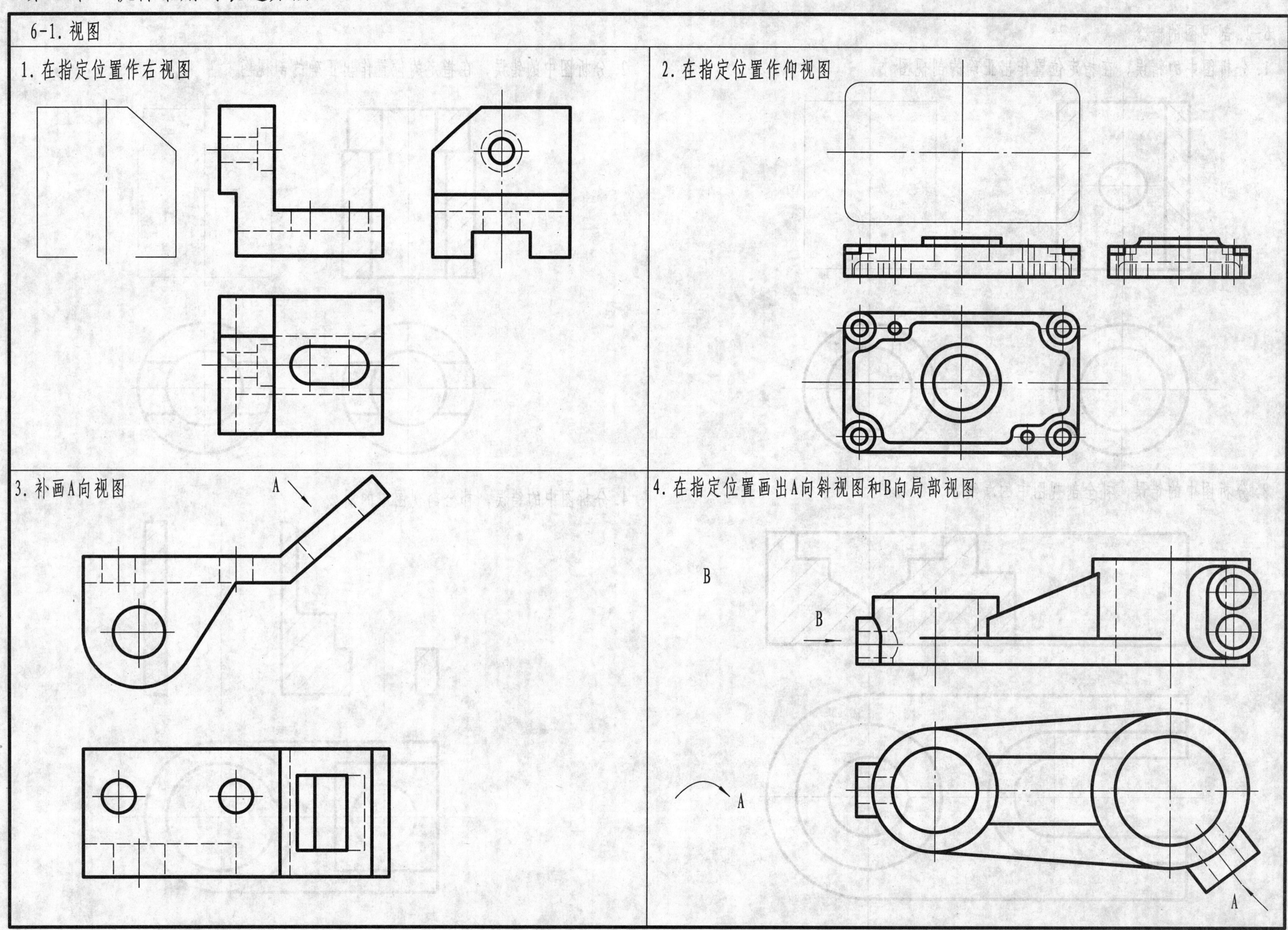
1. 在指定位置作右视图
2. 在指定位置作仰视图
3. 补画A向视图
A
4. 在指定位置画出A向斜视图和B向局部视图
B
B
A
A

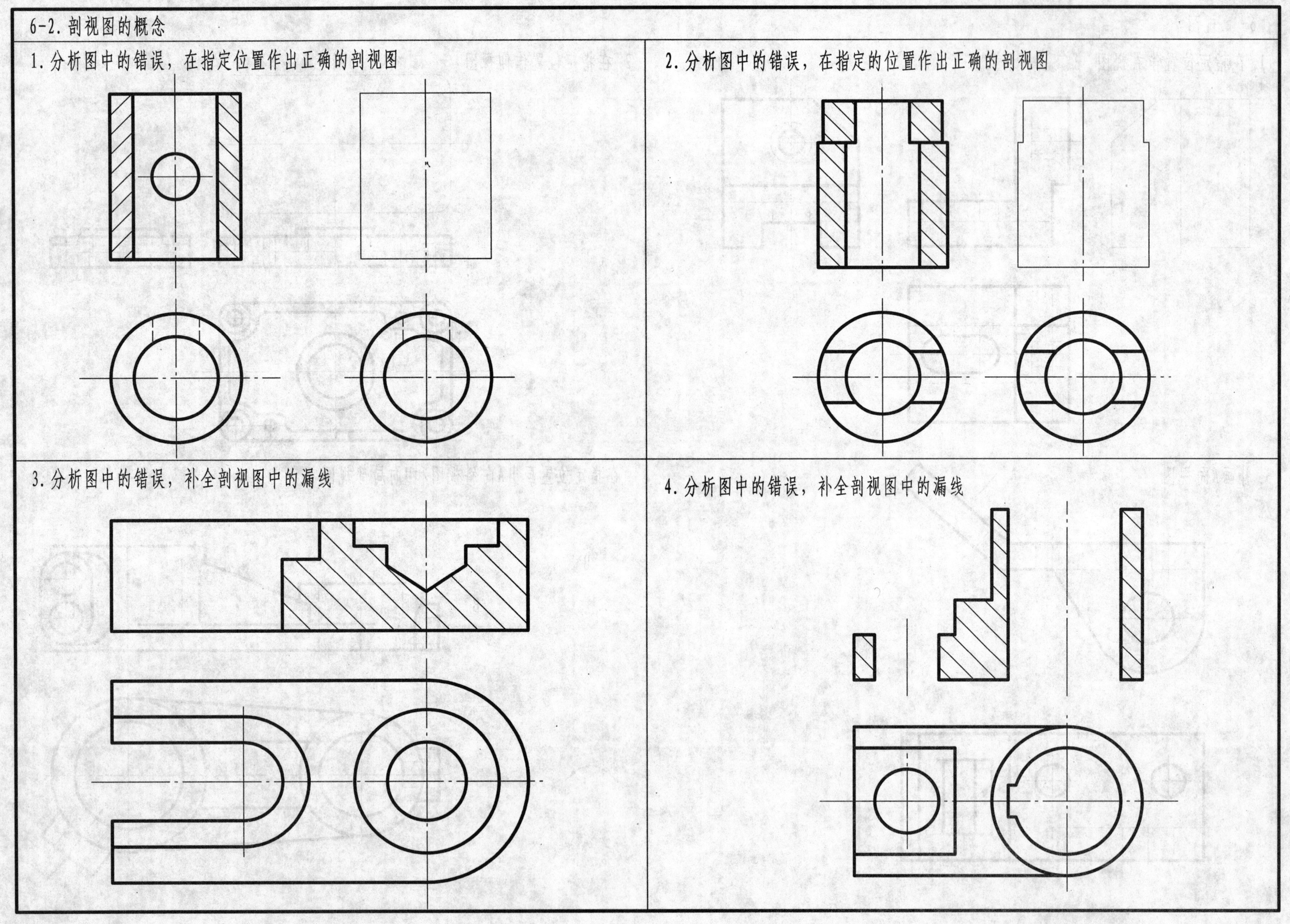
6-2. 剖视图的概念
1. 分析图中的错误，在指定位置作出正确的剖视图
2. 分析图中的错误，在指定的位置作出正确的剖视图
3. 分析图中的错误，补全剖视图中的漏线
4. 分析图中的错误，补全剖视图中的漏线

班级　　学号　　姓名

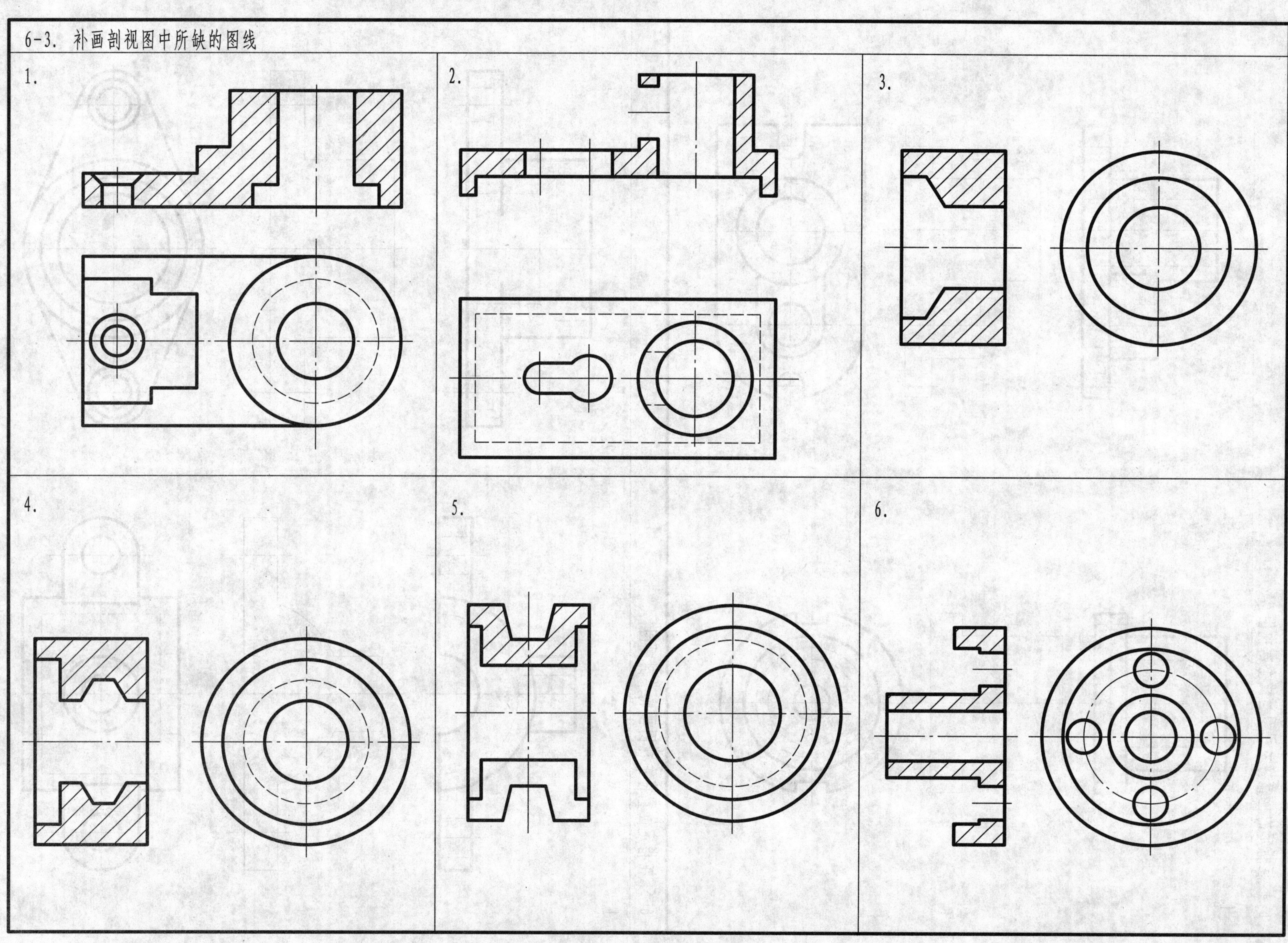

6-3. 补画剖视图中所缺的图线
1.
2.
3.
4.
5.
6.

6-4. 在指定的位置将主视图画成全剖视图

1.

2.

6-5. 在指定位置将主视图画成半剖视图

1.

2.

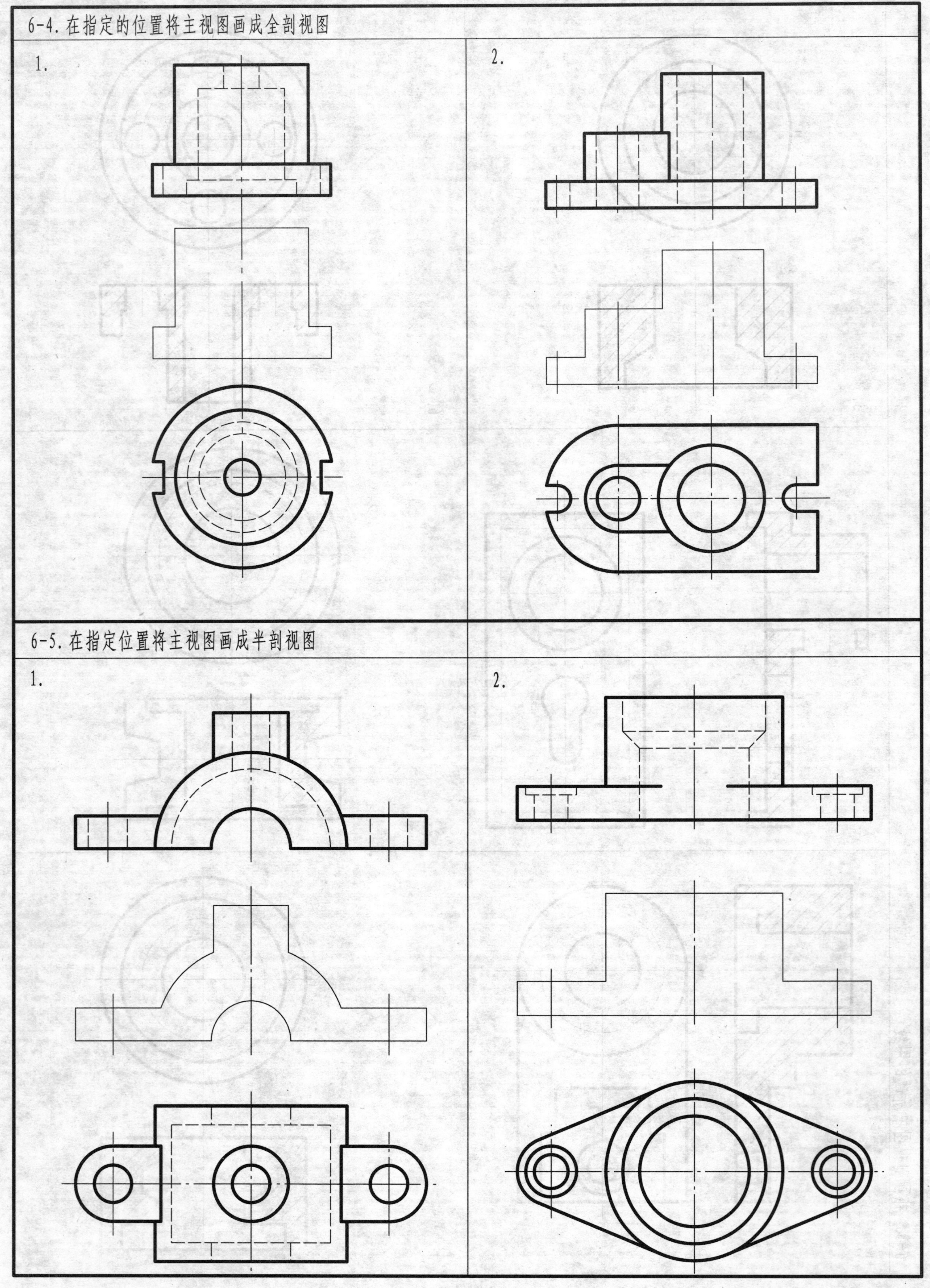

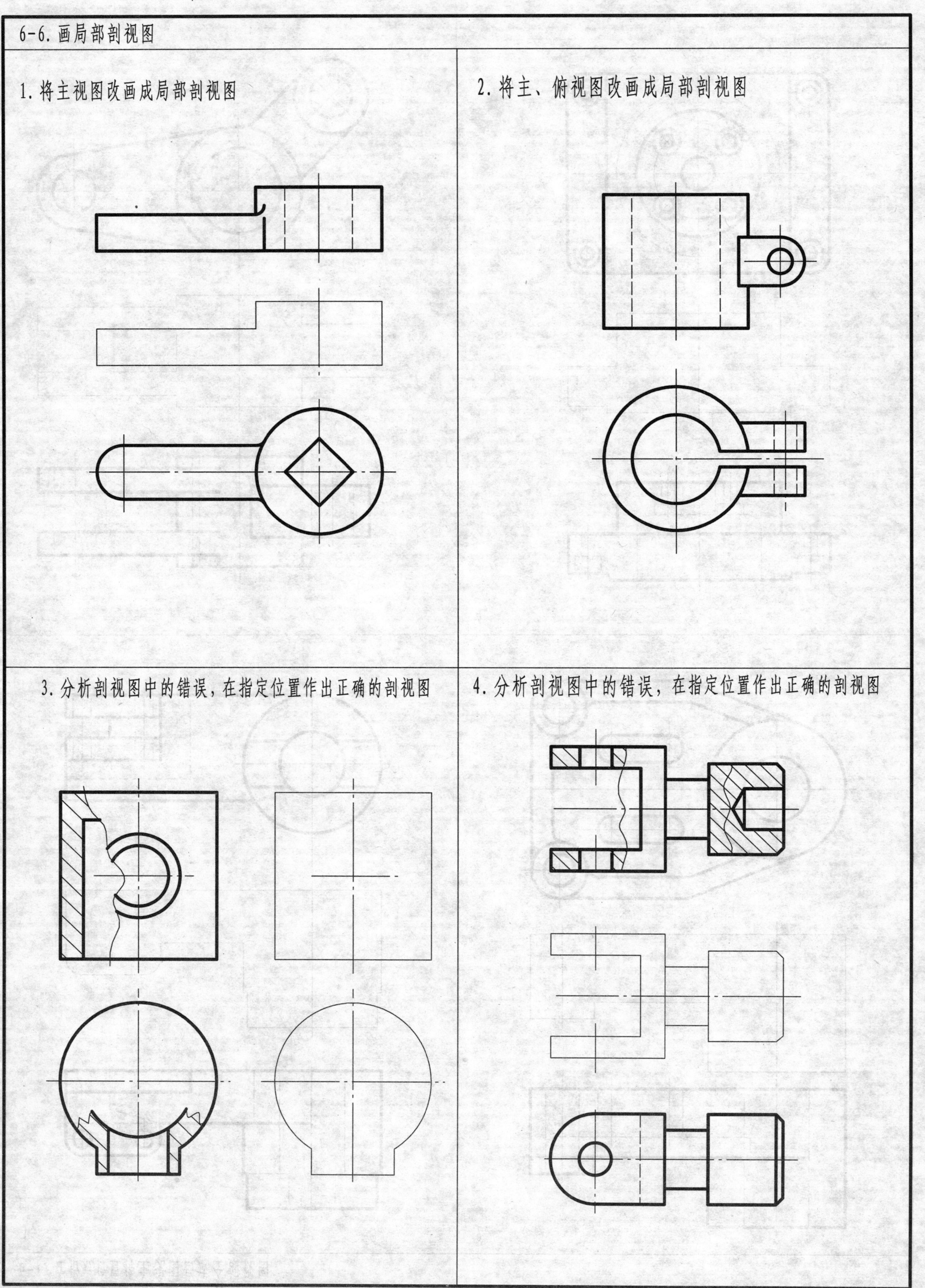
6-6. 画局部剖视图
1. 将主视图改画成局部剖视图
2. 将主、俯视图改画成局部剖视图
3. 分析剖视图中的错误，在指定位置作出正确的剖视图
4. 分析剖视图中的错误，在指定位置作出正确的剖视图

班级 学号 姓名

6-7. 在指定位置将主视图画成全剖视图

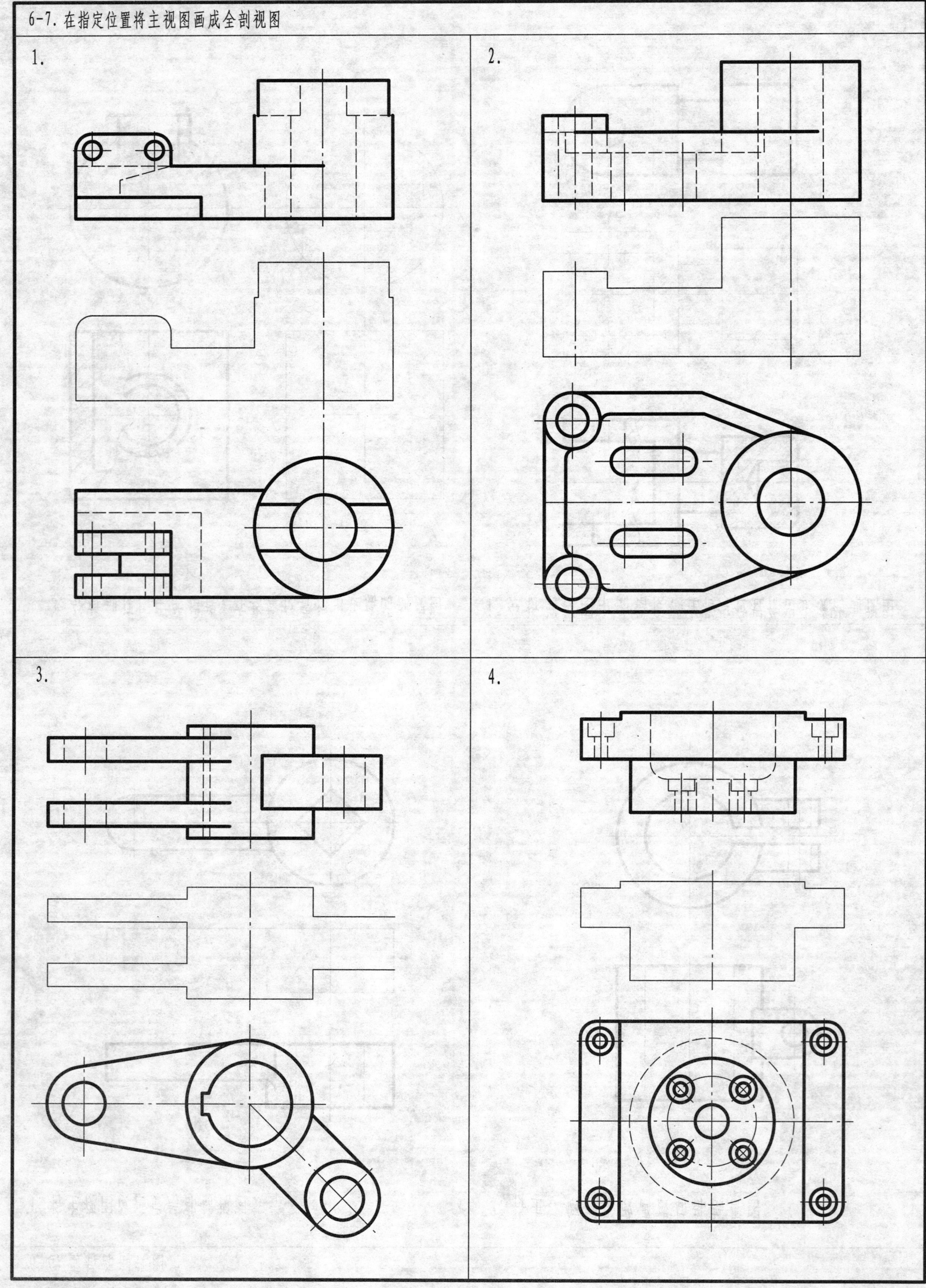

6-8. 在指定位置画出正确的剖视图

6-9. 断面图

1. 在指定位置画断面图

2. 改正断面图中的错误

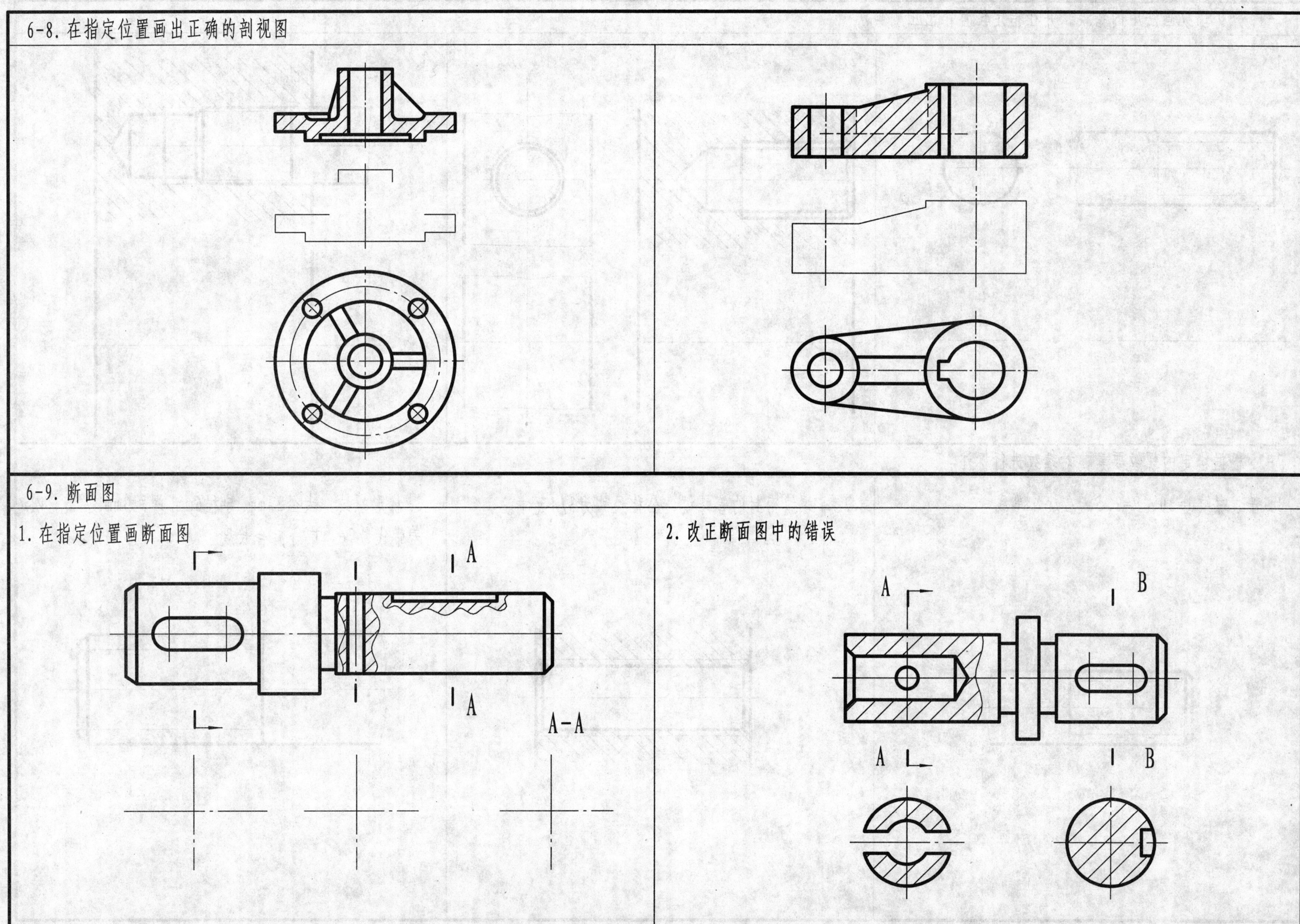

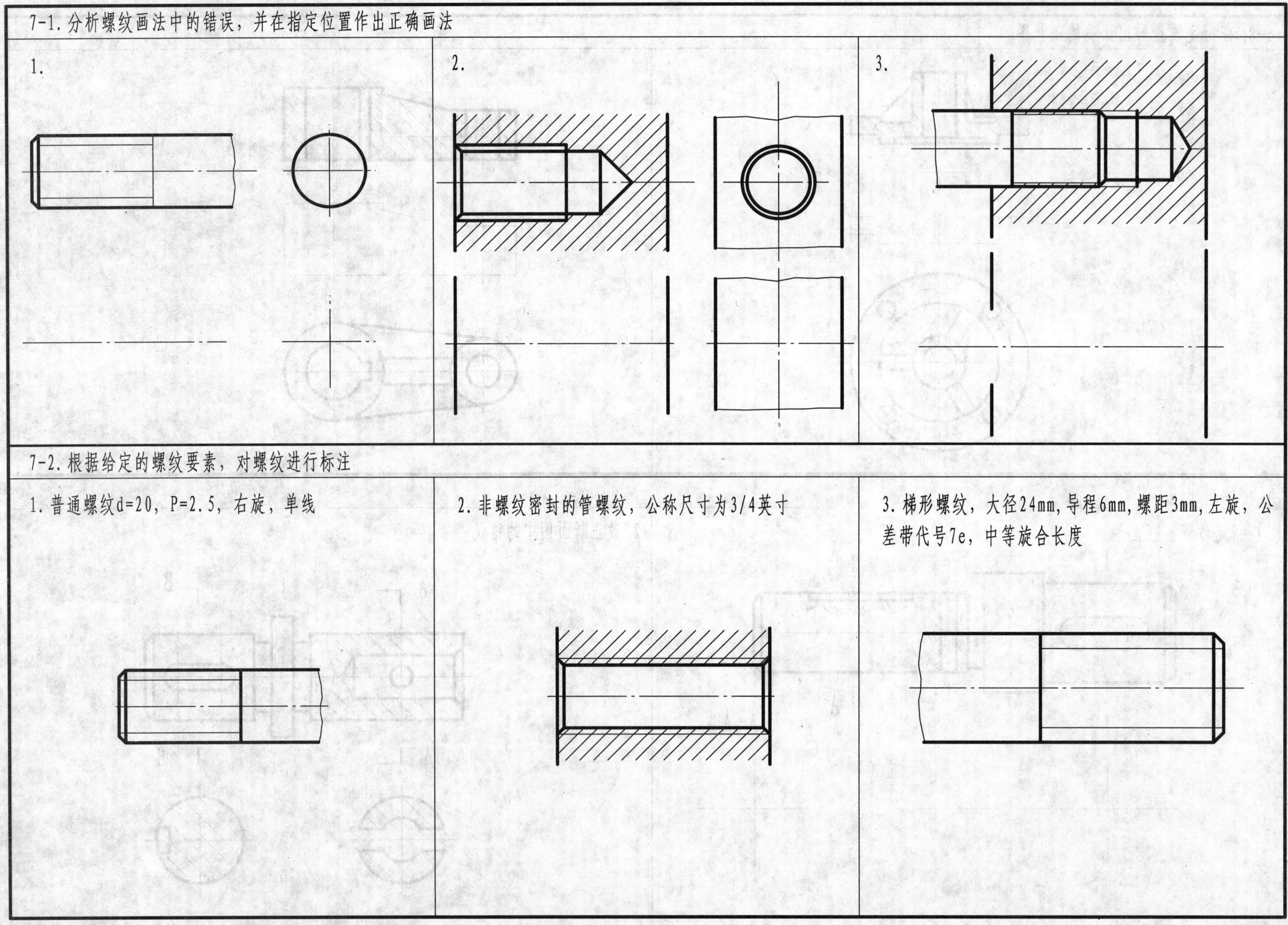

7-1. 分析螺纹画法中的错误，并在指定位置作出正确画法

1.

2.

3.

7-2. 根据给定的螺纹要素，对螺纹进行标注

1. 普通螺纹d=20，P=2.5，右旋，单线

2. 非螺纹密封的管螺纹，公称尺寸为3/4英寸

3. 梯形螺纹，大径24mm，导程6mm，螺距3mm，左旋，公差带代号7e，中等旋合长度

班级　　学号　　姓名

7-3. 用简化画法补全下列螺栓、双头螺柱、螺钉连接图中的图线

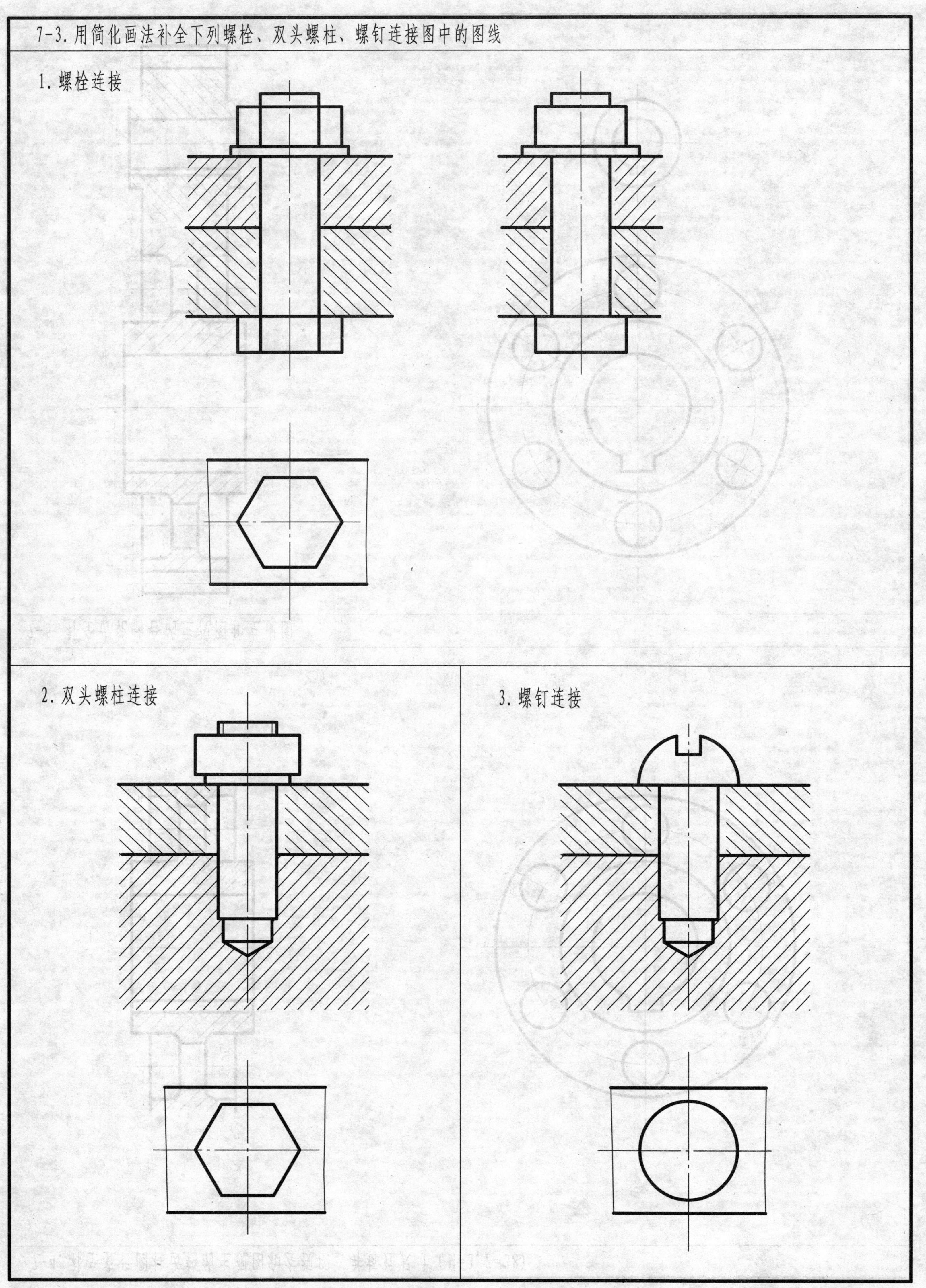

班级　　学号　　姓名

班级　　学号　　姓名

7-4. 补全直齿圆柱齿轮的主视图和左视图，并标注尺寸（M=3, Z=38）

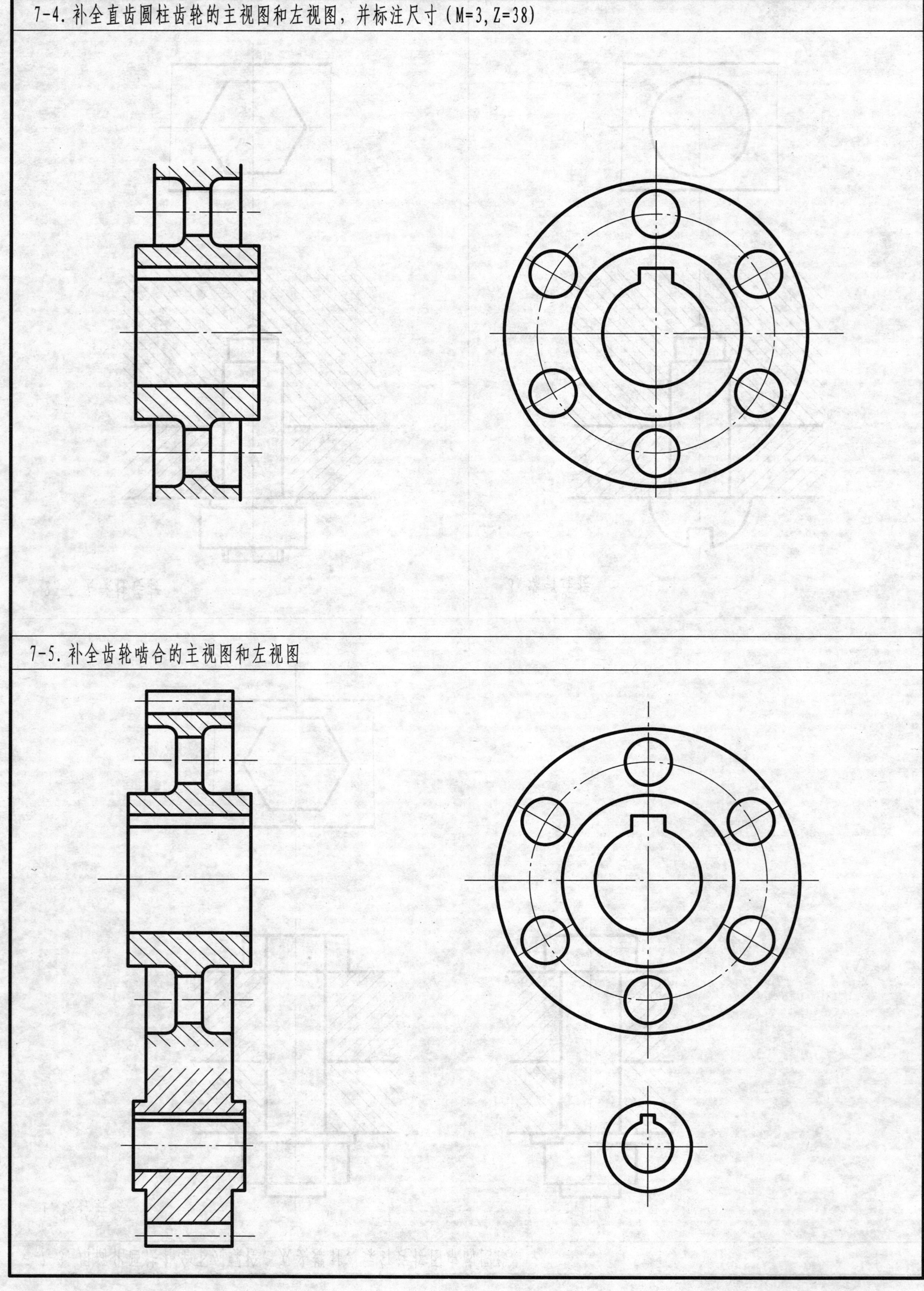

7-5. 补全齿轮啮合的主视图和左视图

7-6. 销、滚动轴承、弹簧的画法和标记

1. 画出d=8、A型圆锥销连接图，并写出其标记

2. 画出d=8、A型圆柱销连接图，并写出其标记

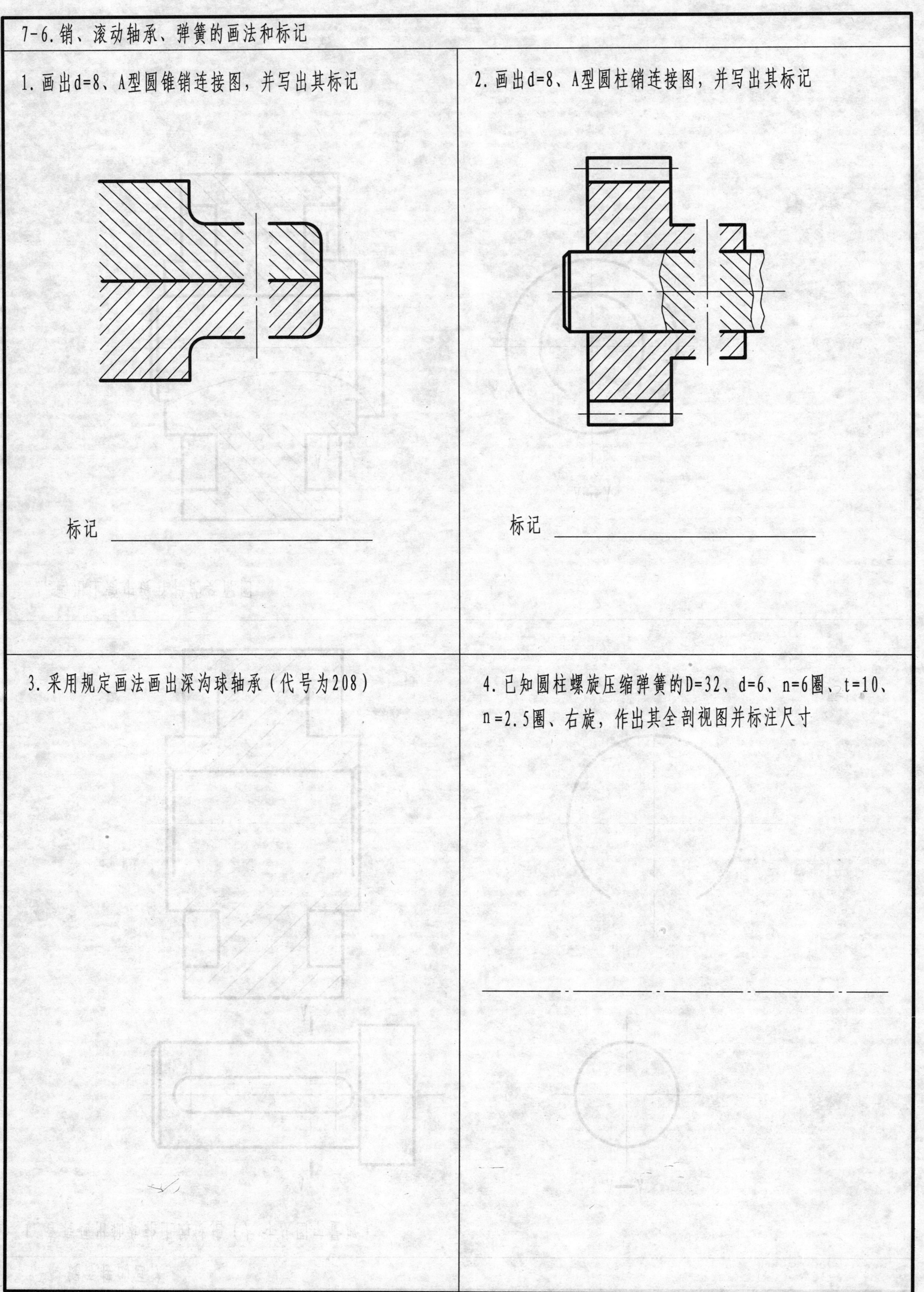

标记 ____________________

标记 ____________________

3. 采用规定画法画出深沟球轴承（代号为208）

4. 已知圆柱螺旋压缩弹簧的D=32、d=6、n=6圈、t=10、n=2.5圈、右旋，作出其全剖视图并标注尺寸

7-7. 键连接的画法

1. 查表画出轴和轮上的键槽(尺寸从图中量取)

2. 画出上题中键连接的装配图

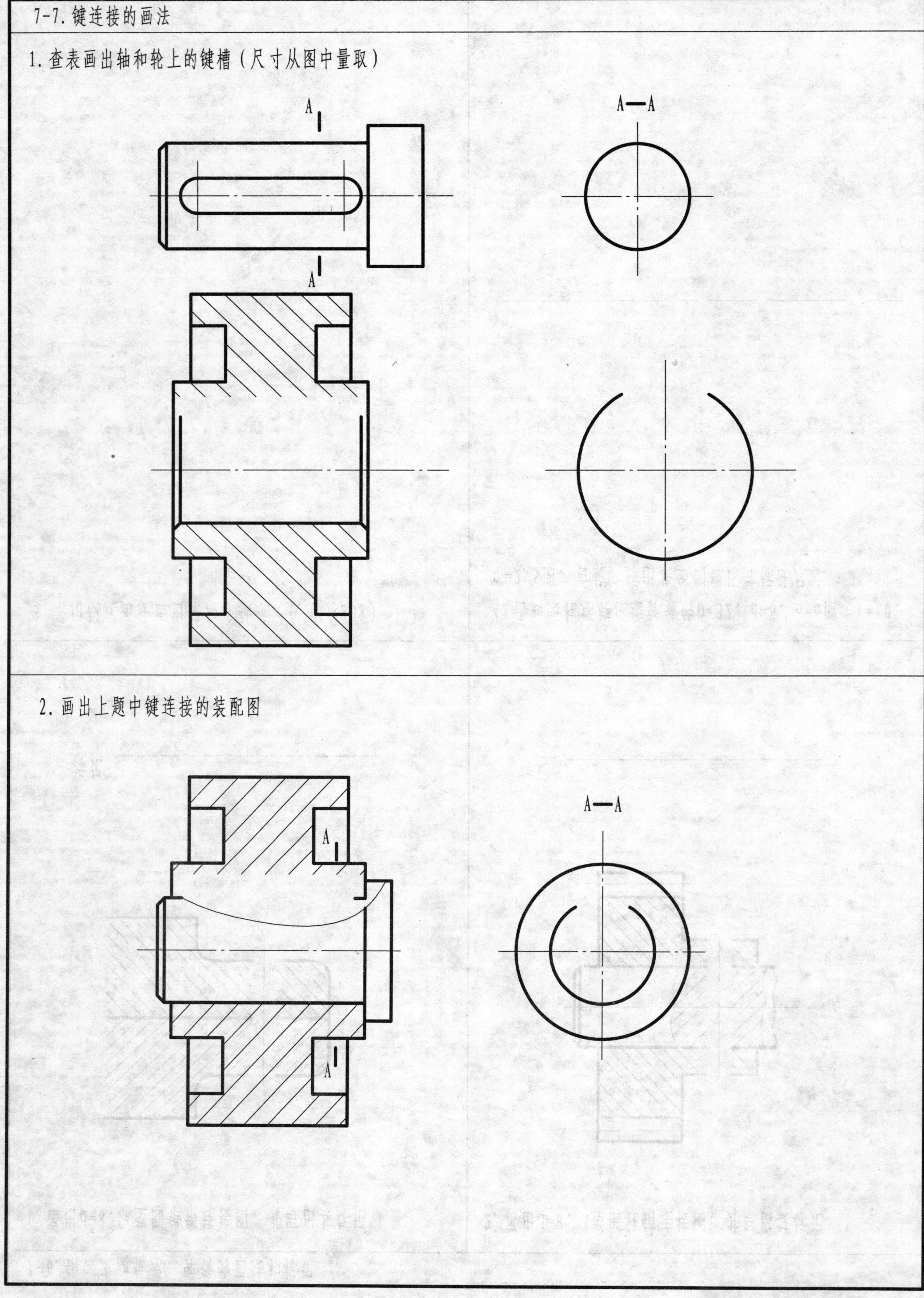

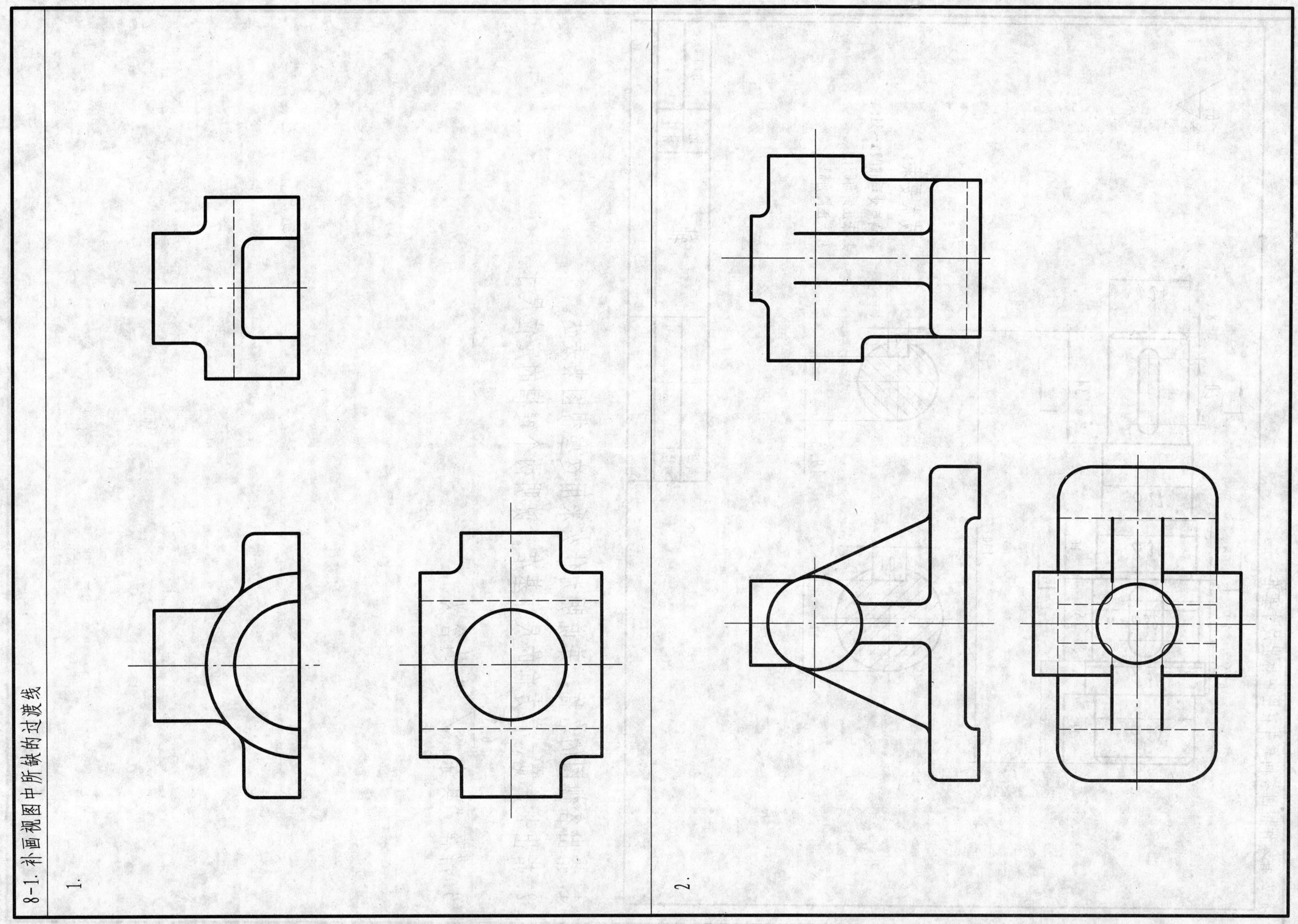
8-1. 补画视图中所缺的过渡线
1.
2.

8-2.看零件图回答问题并在图中标出尺寸基准

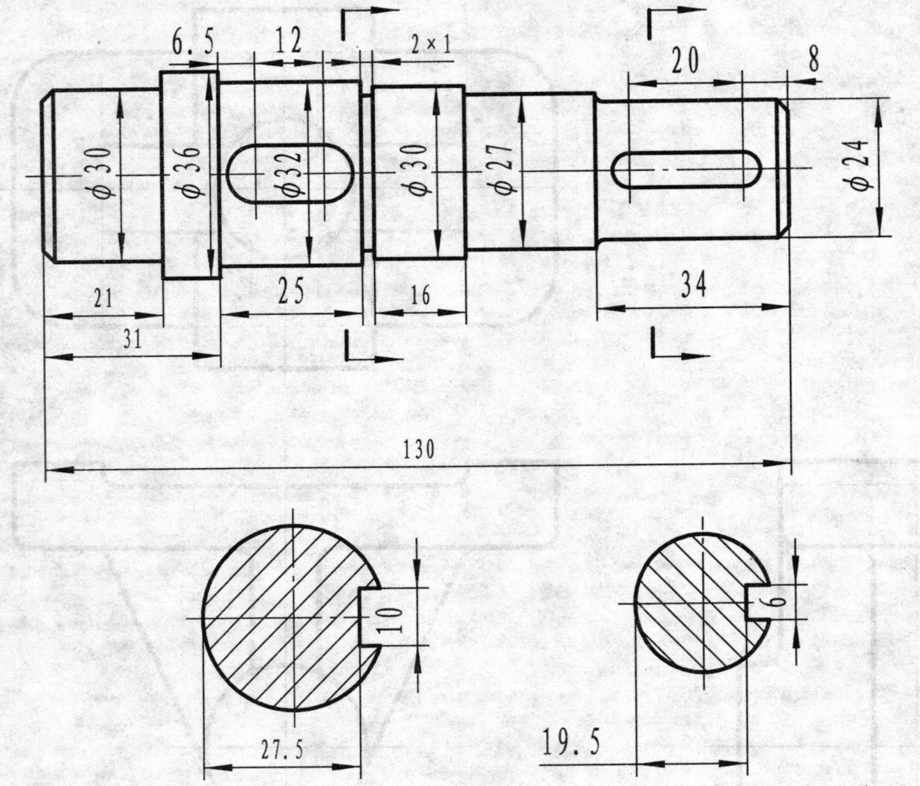

其余 6.3

技术要求：

1. 调质处理HRC26~31;
2. 未注倒角C2;
3. 未注圆角R1。

制图			轴	比例	1:1
校核				材料	45

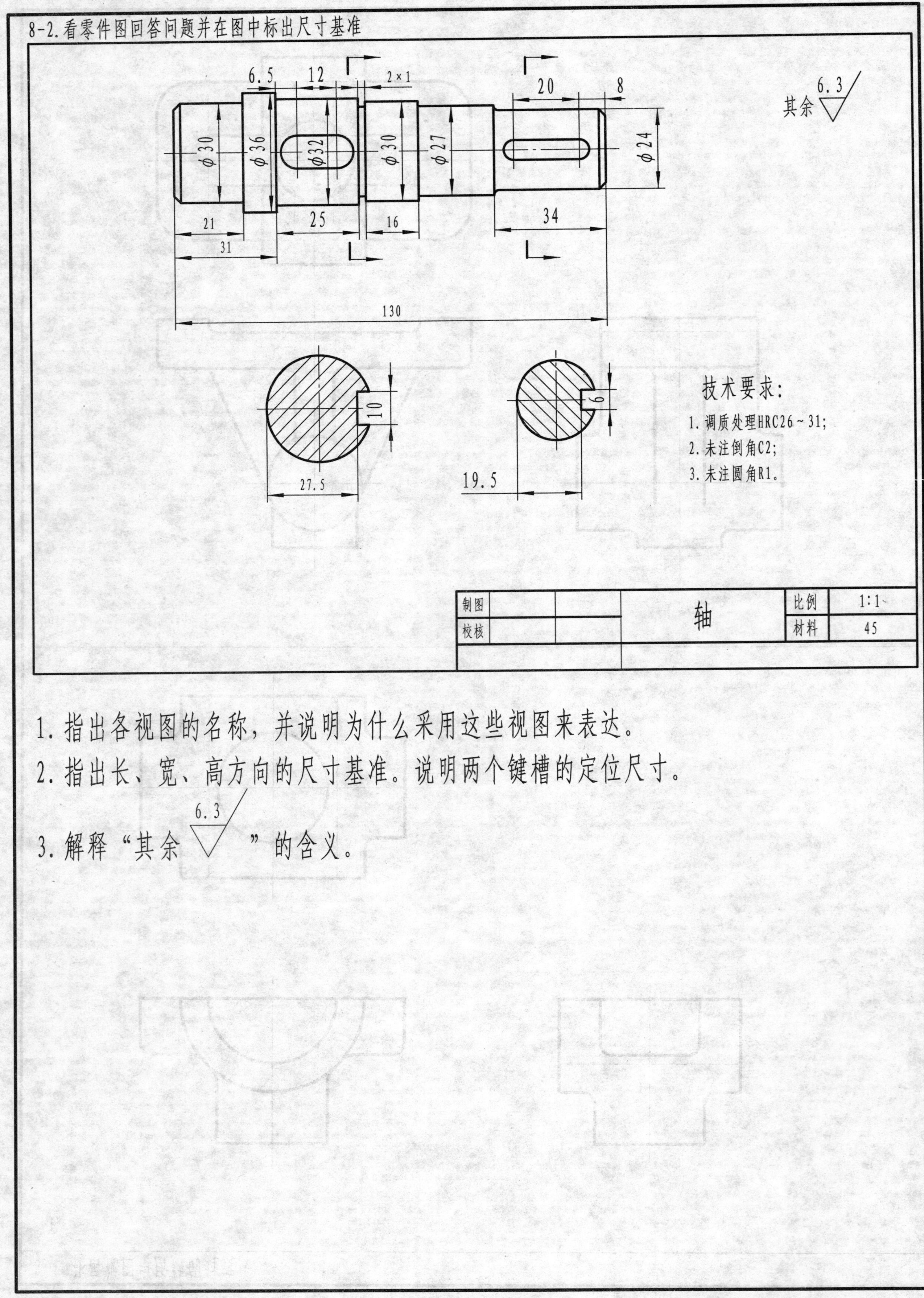

1. 指出各视图的名称，并说明为什么采用这些视图来表达。
2. 指出长、宽、高方向的尺寸基准。说明两个键槽的定位尺寸。
3. 解释“其余 6.3 ”的含义。

8-3. 读零件图

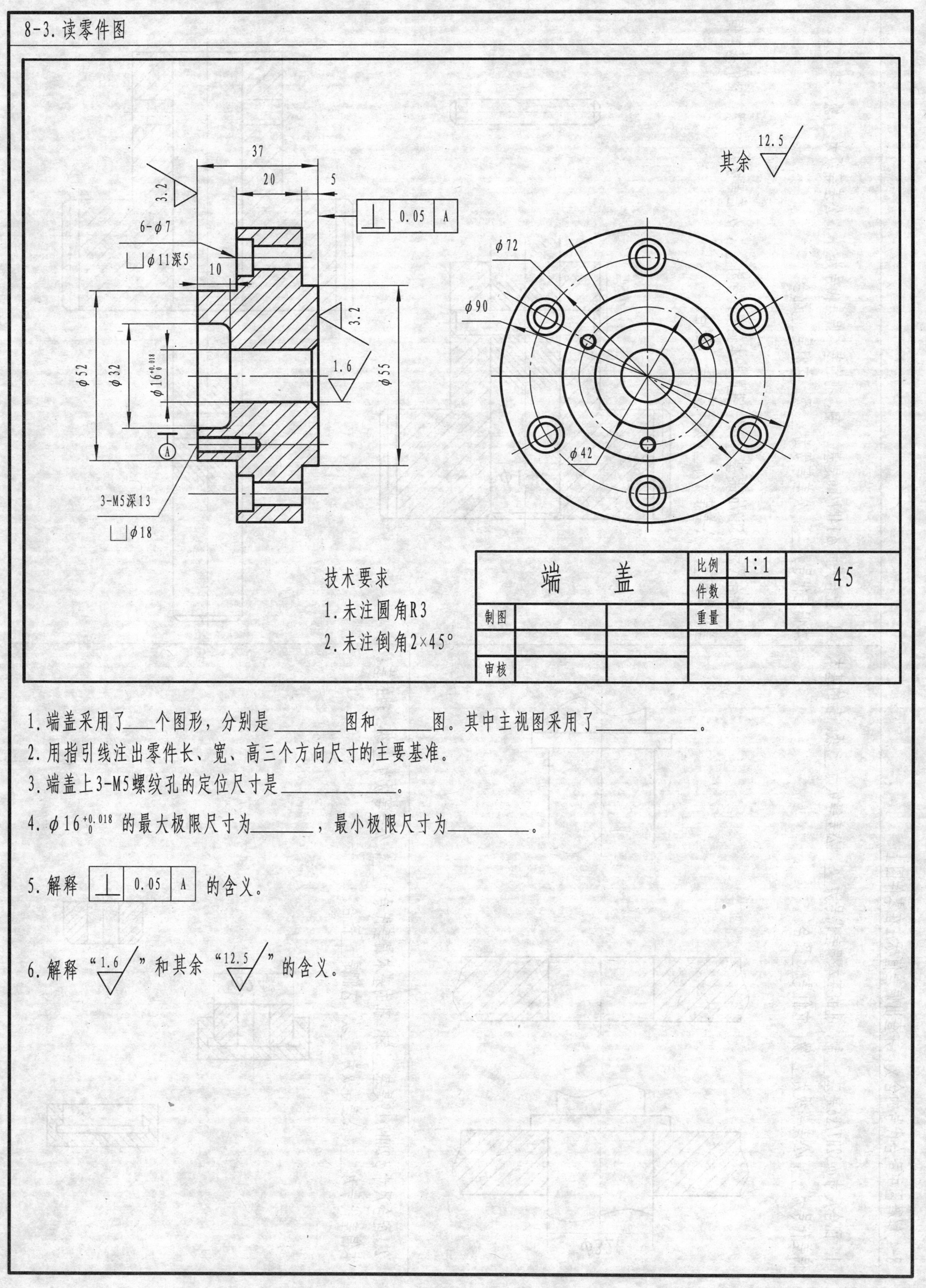

1. 端盖采用了____个图形，分别是________图和________图。其中主视图采用了____________。
2. 用指引线注出零件长、宽、高三个方向尺寸的主要基准。
3. 端盖上3-M5螺纹孔的定位尺寸是____________。
4. $\phi 16^{+0.018}_{0}$ 的最大极限尺寸为________，最小极限尺寸为________。
5. 解释 | ⊥ | 0.05 | A | 的含义。
6. 解释“1.6”和其余“12.5”的含义。

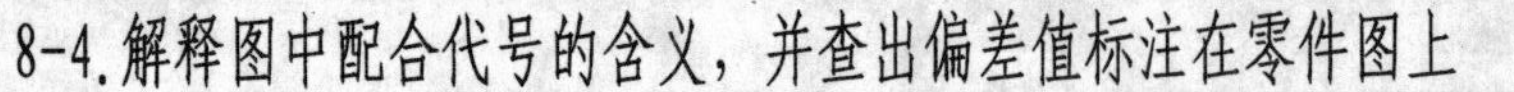

8-4.解释图中配合代号的含义，并查出偏差值标注在零件图上

1. 配合尺寸ϕ32H7/k6是基___制，孔的基本偏差代号为___，公差等级为___级；轴的基本偏差代号为___，公差等级为___级，它们是___配合。

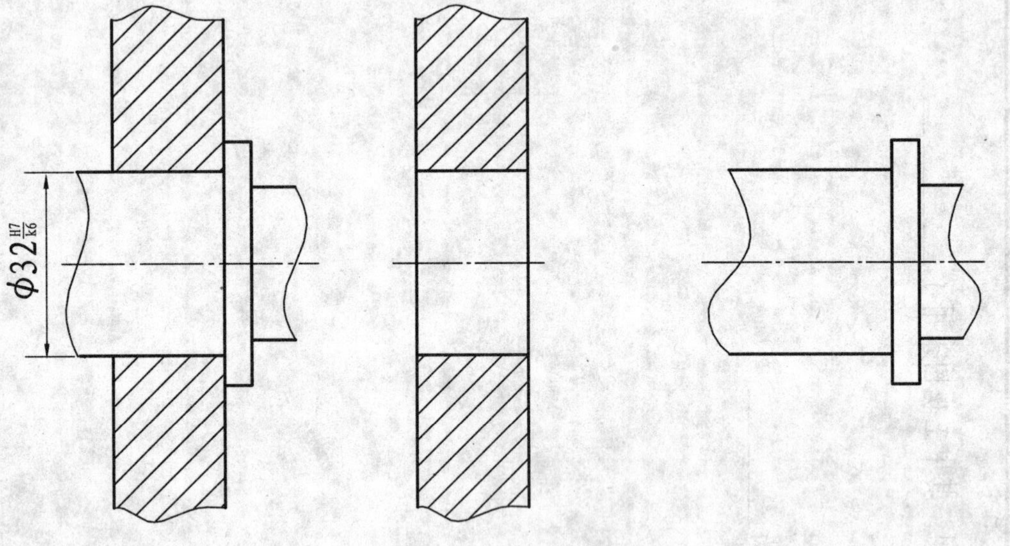

2. 配合尺寸ϕ20H9/f9是基___制，孔的基本偏差代号为___，公差等级为___级；轴的基本偏差代号为___，公差等级为___级，它们是___配合。

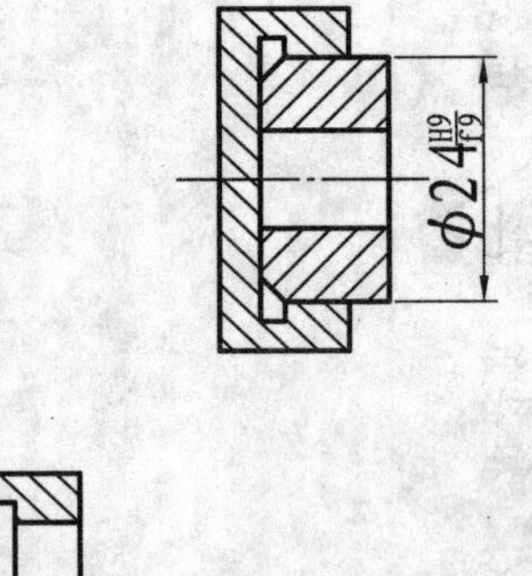

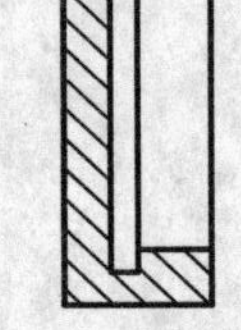

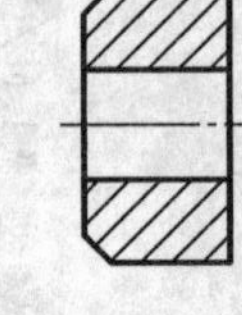

3. 配合尺寸ϕ14K7/h6是基___制，孔的基本偏差代号为___，公差等级为___级；轴的基本偏差代号为___，公差等级为___级，它们是___配合。

4. 配合尺寸ϕ5H7/n6是基___制，孔的基本偏差代号为___，公差等级为___级；轴的基本偏差代号为___，公差等级为___级，它们是___配合。

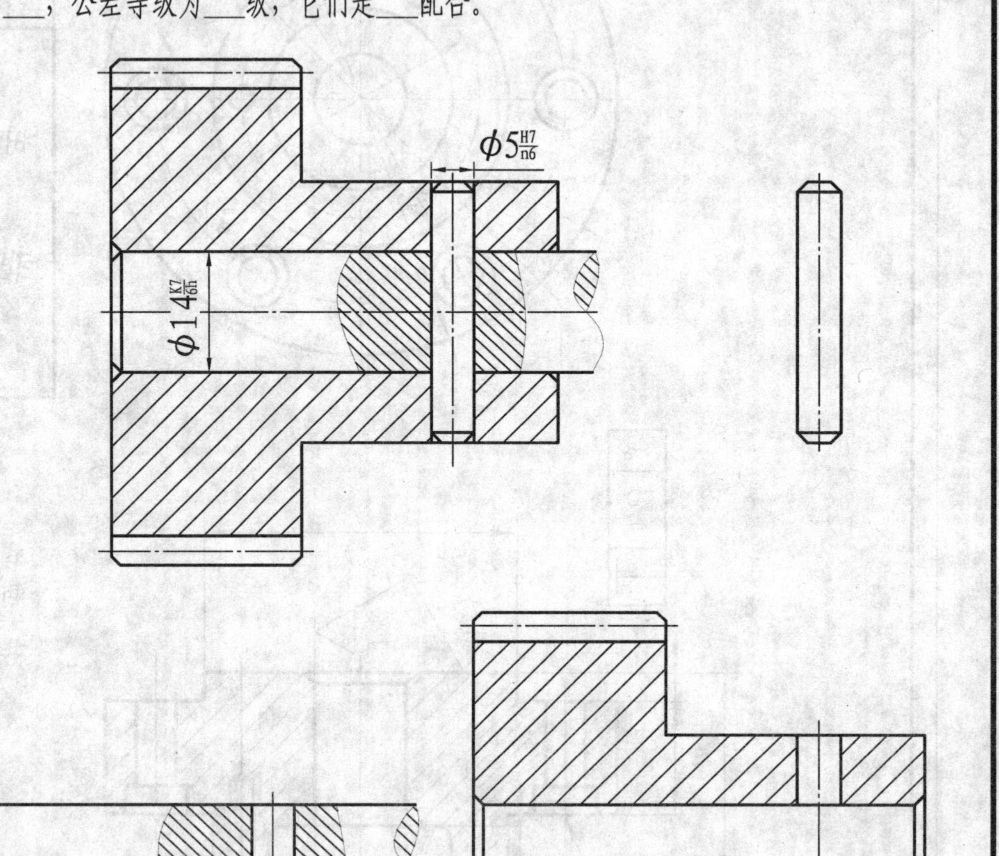

班级　　学号　　姓名

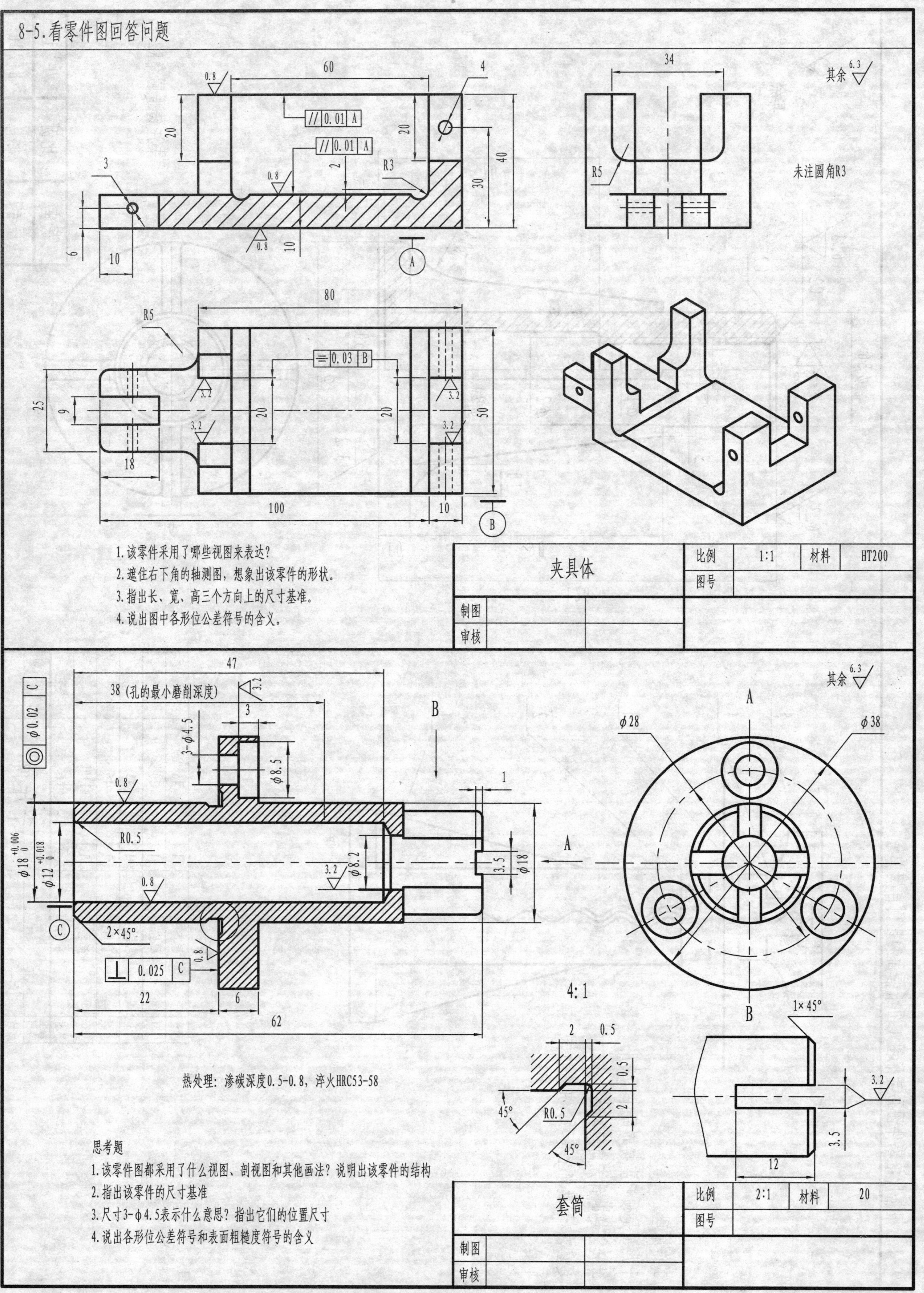
8-5.看零件图回答问题
其余 6.3
未注圆角R3
1.该零件采用了哪些视图来表达?
2.遮住右下角的轴测图，想象出该零件的形状。
3.指出长、宽、高三个方向上的尺寸基准。
4.说出图中各形位公差符号的含义。
夹具体
比例 1:1 材料 HT200
图号
制图
审核
其余 6.3
38（孔的最小磨削深度）
热处理：渗碳深度0.5-0.8，淬火HRC53-58
4:1
思考题
1.该零件图都采用了什么视图、剖视图和其他画法？说明出该零件的结构
2.指出该零件的尺寸基准
3.尺寸3-ϕ4.5表示什么意思？指出它们的位置尺寸
4.说出各形位公差符号和表面粗糙度符号的含义
套筒
比例 2:1 材料 20
图号
制图
审核

9-1. 根据所给零件图画装配图（图纸幅面和比例自定）。

工作原理：
千斤顶是顶起重物的部件，使用时只需逆时针方向转动旋转杆3，起重螺杆2就向上移动，并将物体顶起。

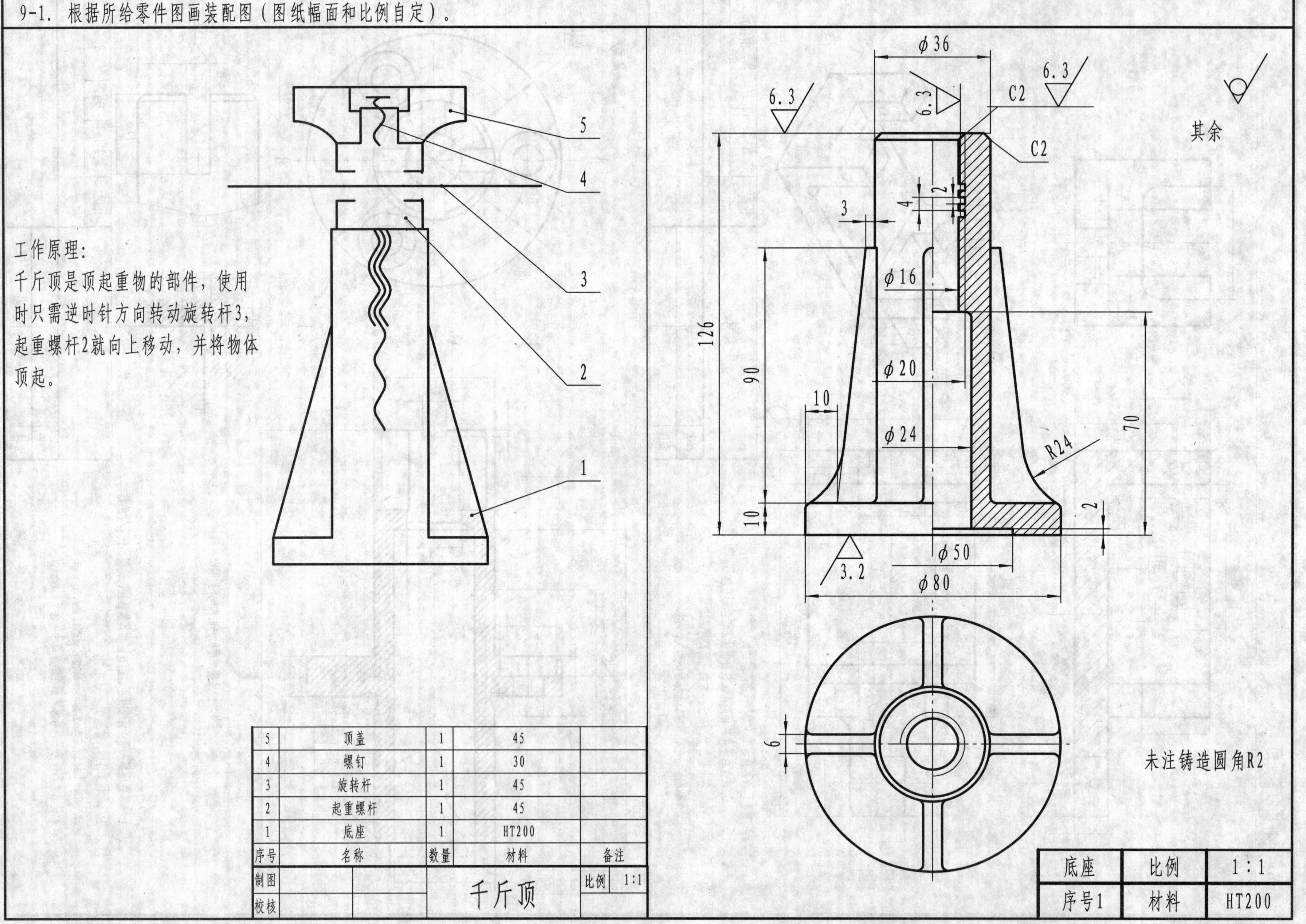

序号	名称	数量	材料	备注
5	顶盖	1	45	
4	螺钉	1	30	
3	旋转杆	1	45	
2	起重螺杆	1	45	
1	底座	1	HT200	

制图		千斤顶	比例	1:1
校核				

底座	比例	1:1
序号1	材料	HT200

　班级　学号　姓名

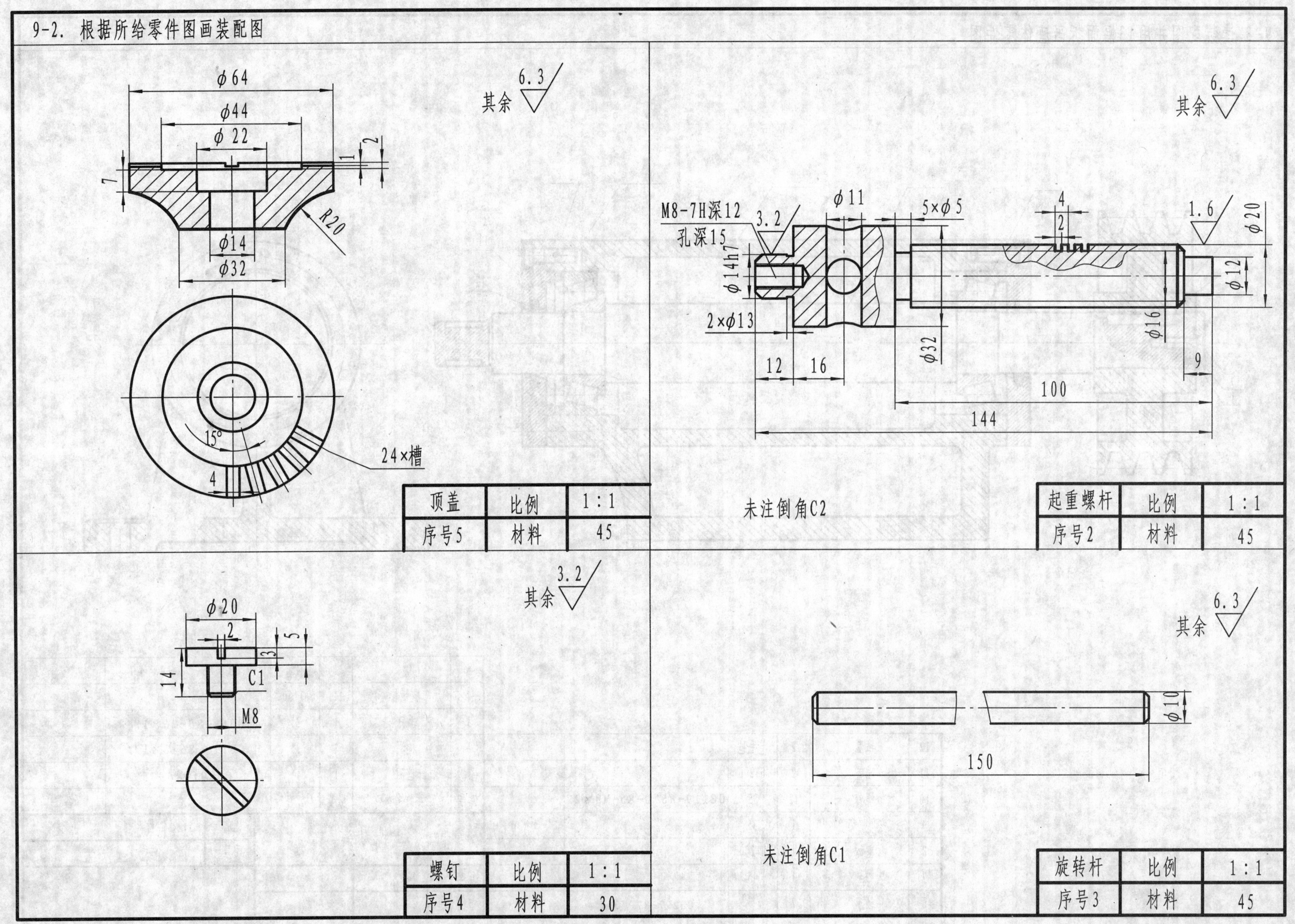
9-2. 根据所给零件图画装配图
其余 6.3
φ64
φ44
φ 22
R20
φ14
φ32
15°
24×槽
顶盖 比例 1:1
序号5 材料 45
其余 6.3
M8-7H深12
孔深15
3.2
φ11
5×φ5
1.6
φ20
φ14h7
φ12
2×φ13
φ16
φ32
12
16
9
100
144
未注倒角C2
起重螺杆 比例 1:1
序号2 材料 45
其余 3.2
φ20
C1
M8
螺钉 比例 1:1
序号4 材料 30
其余 6.3
φ10
150
未注倒角C1
旋转杆 比例 1:1
序号3 材料 45

9-3 读装配图并用A3幅面拆画座体零件图

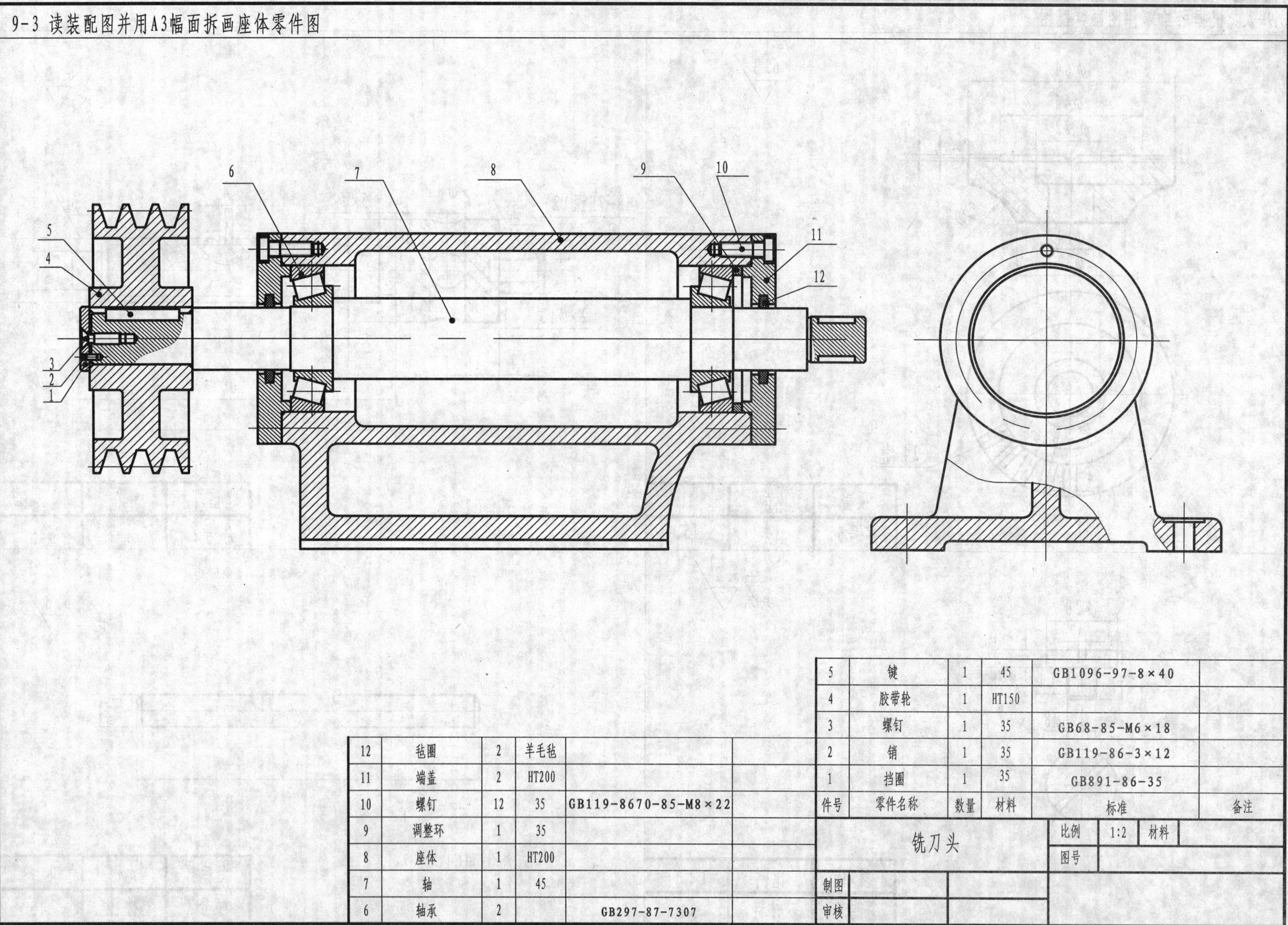

件号	零件名称	数量	材料	标准	备注
12	毛圈	2	羊毛毡		
11	端盖	2	HT200		
10	螺钉	12	35	GB119-8670-85-M8×22	
9	调整环	1	35		
8	座体	1	HT200		
7	轴	1	45		
6	轴承	2		GB297-87-7307	
5	键	1	45	GB1096-97-8×40	
4	胶带轮	1	HT150		
3	螺钉	1	35	GB68-85-M6×18	
2	销	1	35	GB119-86-3×12	
1	挡圈	1	35	GB891-86-35	

铣刀头	比例	1:2	材料	
	图号			
制图				
审核				

班级　　学号　　姓名

9-4. 读装配图

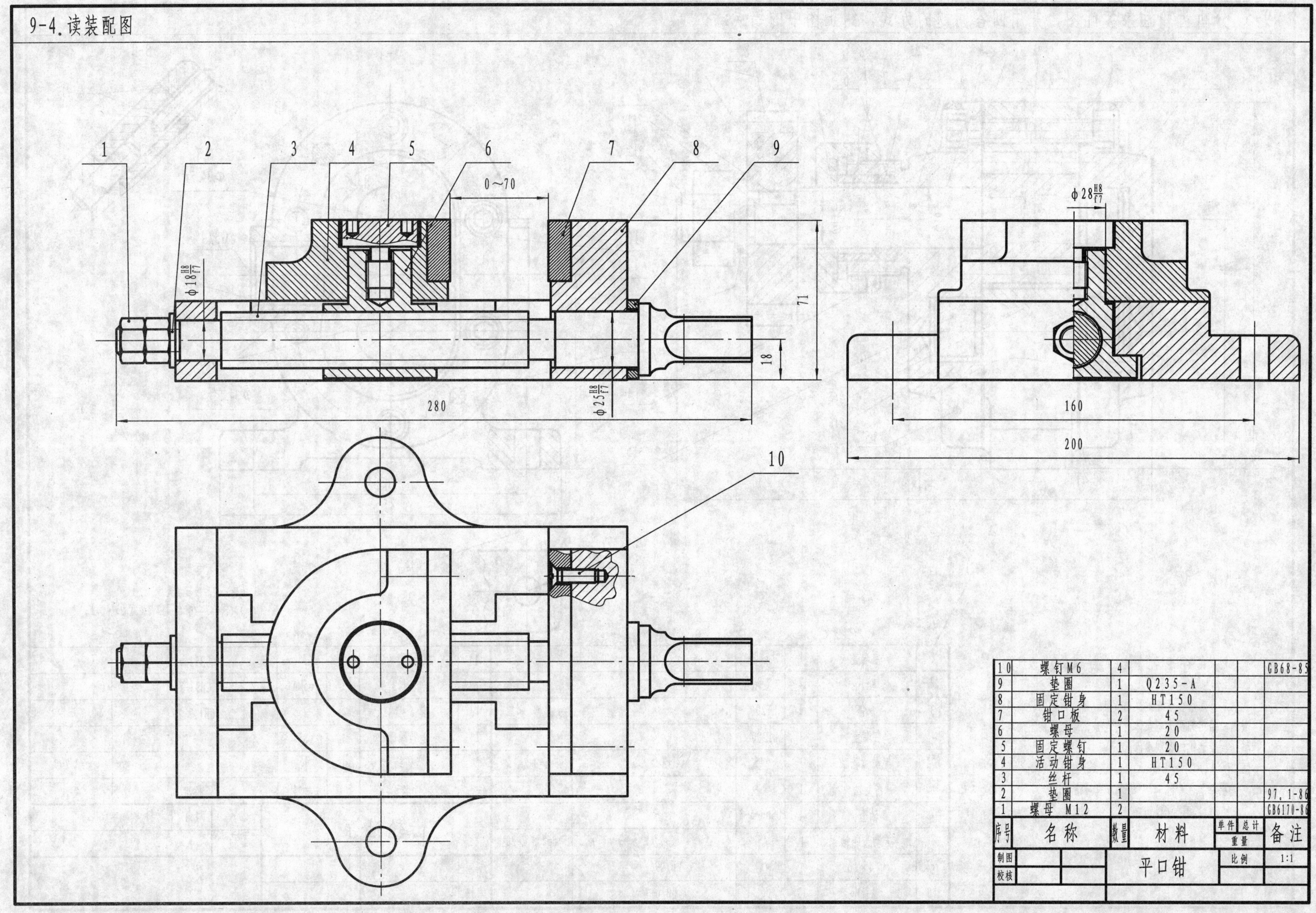

序号	名称	数量	材料	单件重量	总计重量	备注
10	螺钉M6	4				GB68-85
9	垫圈	1	Q235-A			
8	固定钳身	1	HT150			
7	钳口板	2	45			
6	螺母	1	20			
5	固定螺钉	1	20			
4	活动钳身	1	HT150			
3	丝杆	1	45			
2	垫圈	1				97.1-86
1	螺母 M12	2				GB6170-86

制图			平口钳	比例	1:1
校核					

9-5. 分析齿轮油泵装配图，并用回答问题的方式，纠正图中的错误：

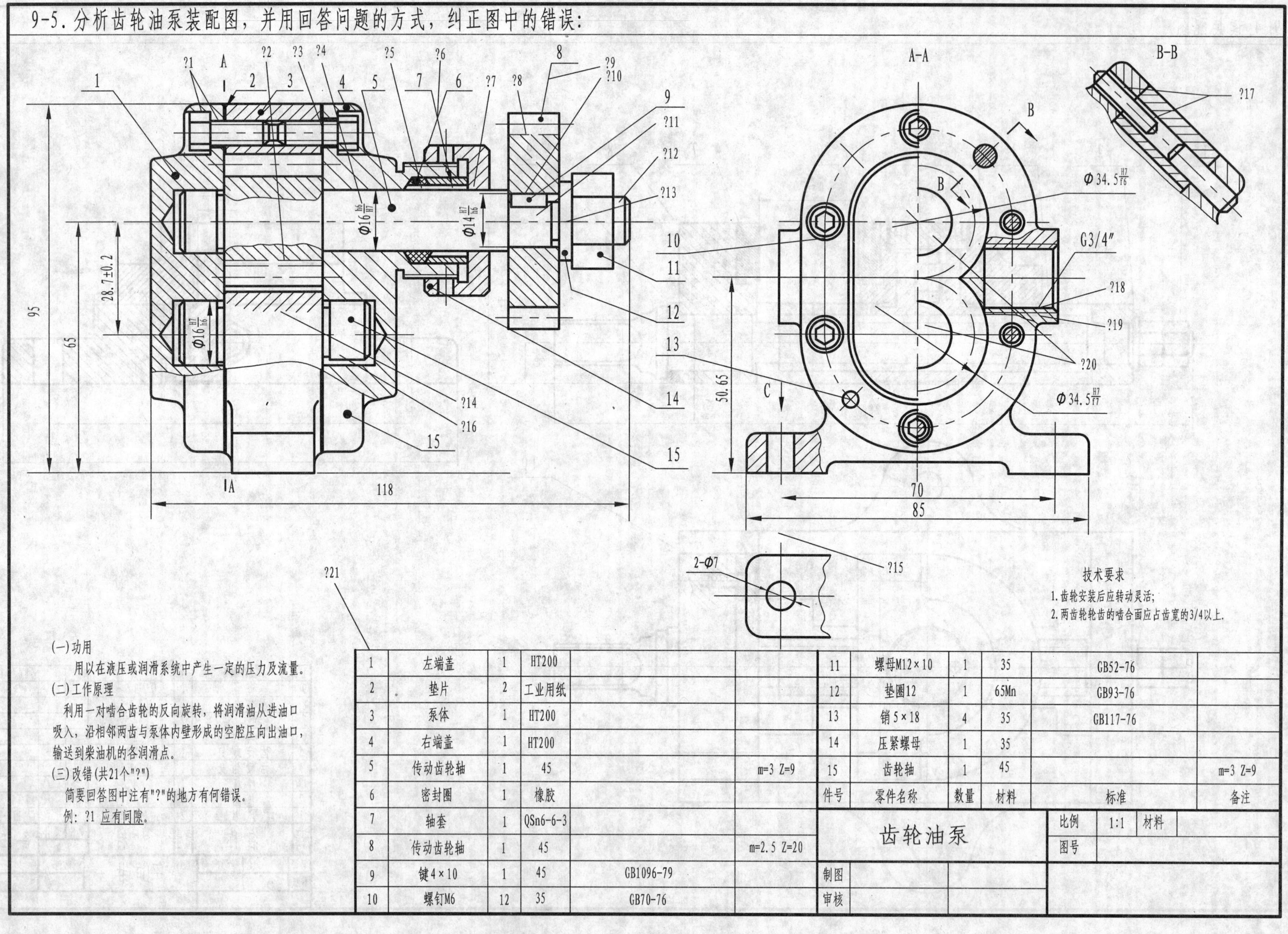

(一)功用

用以在液压或润滑系统中产生一定的压力及流量。

(二)工作原理

利用一对啮合齿轮的反向旋转，将润滑油从进油口吸入，沿相邻两齿与泵体内壁形成的空腔压向出油口，输送到柴油机的各润滑点。

(三)改错(共21个"?")

简要回答图中注有"?"的地方有何错误。

例：?1 应有间隙。

件号	零件名称	数量	材料	标准	备注
1	左端盖	1	HT200		
2	垫片	2	工业用纸		
3	泵体	1	HT200		
4	右端盖	1	HT200		
5	传动齿轮轴	1	45		m=3 Z=9
6	密封圈	1	橡胶		
7	轴套	1	QSn6-6-3		
8	传动齿轮轴	1	45		m=2.5 Z=20
9	键4×10	1	45	GB1096-79	
10	螺钉M6	12	35	GB70-76	
11	螺母M12×10	1	35	GB52-76	
12	垫圈12	1	65Mn	GB93-76	
13	销5×18	4	35	GB117-76	
14	压紧螺母	1	35		
15	齿轮轴	1	45		m=3 Z=9

齿轮油泵	比例	1:1	材料
	图号		
制图			
审核			

班级　　学号　　姓名